~~250-5628~~

737-4300 -

223-5926 ?

5740 Union st

840-
4022

323-9093
noall

PENSÉE ET STRUCTURE

THE SCRIBNER FRENCH SERIES
General Editor, Edward D. Sullivan
Princeton University

PENSÉE ET STRUCTURE

Deuxième Édition

J. L. DARBELNET
Université Laval

Charles Scribner's Sons · New York

Library of Congress Cataloging in Publication Data

Darbelnet, John, 1904–
Pensée et structure.
1. French language—Grammar—1950– I. Title.
PC2112.D317 1977 448.2'4'21 77-3996
ISBN 0-02-327510-3

11 13 15 17 19 20 18 16 14 12 10

PRINTED IN THE UNITED STATES OF AMERICA

Table des matières

III. PROBLÈMES DE STRUCTURE

IV. STRUCTURE ET MODALITÉ

V. NOTIONS DE SÉMANTIQUE

Preface to the Second Edition

This revised and somewhat expanded edition contains additional material and corrections. To ensure a better understanding of the approach on which the book is based, several essential terms have been explained in a new section of the Introduction. Also, some significant differences between the two languages have received fuller treatment than previously and the material in the Workbook has been considerably changed.

It is hoped that with this new edition, *Pensée et Structure* has been made a more effective tool for the English-speaking student who wishes to gain proficiency in speaking and writing French.

J.D.

Preface to the First Edition

This book involves an entirely new approach which deals with the expression of concepts (time, space, quantity, quality, etc.) rather than with the traditional description of the parts of speech and the standard review of grammar. It is intended to bring the student closer to the ultimate objective of being able to fit his vocabulary into the characteristic patterns of French thought. The book is designed for students who have had at least two years of French and have been drilled in the basic forms of the language. The aim has been to consolidate and expand what the student already knows but by using new ways of looking at language instead of going through one more review of familiar but still hazy grammatical categories.

The book is written in French because it is intended for students who already have a reading knowledge of the language. Care has been taken to make the vocabulary as nontechnical as possible. The expository material, however, does include terms that are current in grammar books. Since the novelty of the approach will require that the instructor go over each lesson with his students, ample opportunity will be provided to explain the less common words.

The exercises have been devised to encourage the student to observe what he reads and to practice a systematic comparison of meaning and structure. Since considerable reliance is also placed on the comparison of the two languages, a number of the exercises are of the translation type; but, as indicated in the Introduction, the translation process here advocated consists in giving a French form to the ideas (rather than to the words) of the English sentence. At the same time an attempt has been made to introduce, whenever possible, all-French exercises that provide practice in putting words together directly to express and connect ideas.

A final note is in order concerning the examples. They are translated into English only when some shade of meaning might otherwise be lost. In a very few cases English comes first because it was found helpful to work out the French from the English.

J. D.

Introduction

Introduction

Le présent manuel est nouveau à bien des égards, et comme sa nouveauté pourrait surprendre certains de ceux à qui il est destiné, il n'est peut-être pas inutile d'expliquer dans quel esprit il a été conçu et de quelle méthode il s'inspire.

Si, en particulier, les chapitres ne correspondent pas à ceux qu'on attendrait dans les livres de ce genre, c'est parce qu'au lieu de passer en revue le nom, l'adjectif, le verbe, etc., il a paru préférable de présenter les faits de grammaire — et, dans une certaine mesure, de vocabulaire — d'après les idées qu'ils servent à exprimer.

En d'autres termes, on part d'une idée et on se demande de quels moyens on dispose pour la rendre. Cette façon de procéder ne conviendrait pas à des débutants. Elle s'adresse à des étudiants qui ont dépassé ce qu'on pourrait appeler le premier stade de l'acquisition d'une langue seconde.

En effet, quand on étudie une langue seconde, on commence d'abord par se familiariser avec un certain nombre de mots et de tours. Il faut savoir des mots pour désigner les choses dont on parle, et il est aussi nécessaire de savoir les agencer pour en faire des phrases. C'est pourquoi on ne peut parler une langue sans en connaître la grammaire et le vocabulaire. Et comme les mots sont parlés et écrits, il faut connaître leur forme orale (prononciation, accentuation, intonation) et leur forme écrite (orthographe).

C'est ce qui explique que l'apprentissage d'une langue seconde consiste surtout à s'assimiler des structures. Le terme STRUCTURE a l'avantage de recouvrir des réalités distinctes, dont, par exemple, la forme des mots, l'enchaînement des sons qui les constituent, leur agencement dans le corps d'un énoncé, sans oublier les faits d'intonation qui sont inséparables de la parole.

Ce faisant, on enregistre aussi leur sens. En effet, les structures que sont les mots pris séparément et celles qu'ils forment en se combinant ne nous intéressent que dans la mesure où elles signifient quelque chose. On peut dire qu'une langue est un ensemble de structures porteuses de sens. Mais il n'en reste pas moins qu'au début l'effort principal porte sur l'acquisition des structures.

Ce n'est que plus tard qu'on peut accorder plus d'attention aux rapports entre les mots et la pensée. Le présent ouvrage est consacré à ce deuxième stade. Il suppose connues les formes grammaticales qu'utilise le français usuel. C'est pourquoi ces formes, point de départ au stade de l'initiation, deviennent ici un point d'arrivée. La méthode suivie consiste à partir des idées à exprimer et à considérer les moyens dont on dispose pour les rendre. Ainsi, au lieu de passer en revue les différents temps grammaticaux (***tenses***), nous nous demandons comment le français marque les différents moments du temps (***time***), passé, présent ou à venir. Et si on parle d'adjectifs ce sera, par exemple, à propos de la caractérisation, dont cette catégorie de mots fournit l'un des moyens d'expression.

Cette façon de procéder tend à effacer la distinction traditionnelle entre la grammaire et le vocabulaire. Les moyens d'expression dont on dispose relèvent de ces deux secteurs, et parfois aussi d'un troisième, qui est la phonétique. Pour être pleinement profitable, la méthode exige une certaine souplesse intellectuelle, une nouvelle façon de voir et d'analyser les faits de langue. Dans la perspective où nous nous plaçons, il s'agit essentiellement de comparer constamment les formes et les idées et de choisir les formes en fonction des idées à exprimer.

Comme, quoi qu'on dise, celui qui étudie une langue seconde reste assujetti aux processus mentaux de sa langue maternelle, autant tirer parti de cette situation en montrant comment on passe d'une pensée anglaise à une expression française, ce qui suppose une étape intermédiaire, celle d'une pensée française. Il s'agit, en somme, de voir comment fonctionne l'embrayage qui permet de changer de mode d'expression. Pour cela, il faut résister à la tentation de traduire littéralement et prendre l'habitude de s'élever des mots anglais à l'idée qu'ils expriment, pour aboutir à une forme française de cette idée.

Tout énoncé se compose de mots, mais sa signification globale est la somme d'éléments qu'il est commode d'appeler ÉLÉMENTS DE SENS. Ces mots et ces éléments de sens ne se correspondent pas nécessairement un à un, car, comme on le verra plus loin (voir 253), un élément de sens peut correspondre à un seul mot, à plusieurs mots, ou à une partie d'un mot. Il arrive aussi qu'un élément soit implicite, comme c'est souvent le cas avec les idiotismes. (Par exemple dans *Is something the matter?* l'idée de *wrong* n'est pas explicitée.)

On peut donc considérer qu'un énoncé se situe à deux niveaux: celui des mots, faciles à distinguer, du moins quand ils sont écrits, et celui des sens. Le passage d'une langue à une autre doit se faire au niveau des sens et non à celui des mots. D'où la nécessité, quand on veut composer un énoncé dans une autre langue, de décider de quels éléments de sens et dans quel ordre il sera constitué.

A cet égard, les titres des journaux américains, composés en style télégraphique, fournissent des exemples de ce genre d'analyse parce que chaque mot du titre représente un élément de sens et que le titre, pour être clair, doit réunir tous les éléments de sens de l'énoncé qu'il représente en abrégé. Les journaux français continuent à titrer au moyen de phrases complètes, et la comparaison des deux styles permet de dégager la nature des éléments de sens.

Exemple: *Motorist Refused License*

Le style télégraphique ramène le nombre des mots au nombre des éléments de sens: l'automobiliste, son permis, le refus qu'on lui inflige. Il y a, si l'on veut, un élément implicite qui tient à une convention de ce genre de rédaction, à savoir que les titres sont en principe au présent. ***Refused*** n'est donc pas un prétérit, mais un passif amputé de son auxiliaire.

En donnant aux mots français qui représentent ces éléments

de sens (automobiliste, refuser, permis) l'assise grammaticale dont ils ont besoin pour fonctionner syntaxiquement, on obtient ce qui serait le titre correspondant dans un journal français: « On refuse à un automobiliste son permis de conduire » ou encore: « Un automobiliste se voit refuser son permis de conduire ».

Il existe des phrases simples qui, sans subir l'abrègement du style télégraphique, ont à peu près autant d'éléments de sens que de mots. Ainsi dans *He swam across the river*, les cinq mots représentent quatre éléments: la personne dont on parle, l'action de nager (au passé), celle de traverser, et l'espace traversé, en l'occurrence, un cours d'eau.

Il serait à la rigueur grammatical de garder cette séquence en français, mais ce ne serait pas idiomatique, car la démarche de cette langue est d'indiquer d'abord le résultat d'une action et ensuite le moyen employé. On dira donc: « Il a traversé la rivière (ou le fleuve) à la nage ». Si l'on compare maintenant l'original et sa traduction, on constate que le verbe anglais est devenu une locution adverbiale (à la nage) et la préposition un verbe de mouvement. Les verbes de mouvement donnent souvent lieu à ce genre de chassé-croisé.

L'exemple suivant n'est pas une phrase complète. C'est un membre de phrase constitué pour désigner une agglomération comprenant deux parties et remplissant de ce fait deux fonctions:

this iron-ore port and mining town

Il s'agit, on le voit, d'une petite ville (*town*) à proximité de laquelle on exploite des mines, et dont le port expédie ce qu'on en extrait, à savoir du minerai de fer. Les deux segments réunis par **et** correspondent au double caractère et à la double fonction de cette agglomération.

L'anglais procède ici, comme il le fait souvent, par simple juxtaposition du modifiant (*iron-ore*, *mining*) et du modifié (*port*, *town*). Le français, plus analytique, est généralement obligé d'expliciter le rapport entre les mots que l'anglais se contente de juxtaposer. Dans le cas de la ville, il explicite partiellement en remplaçant le nom verbal par un adjectif qui prend la marque de l'accord. Pour ce qui est du port, il pousse plus loin l'explicitation du lien qui rattache le port à la ville. Nous arrivons ainsi à l'équivalent:

« cette ville minière dont le port expédie le minerai de fer »

On remarquera qu'en français le démonstratif au singulier ne peut pas déterminer deux substantifs.

Voici maintenant trois exemples analysés plus brièvement dans la même perspective.

Premier exemple:
The letter was forwarded to him from Paris.

L'idée de ***to forward***, dans ce contexte, se rend par **faire suivre**. On verra plus loin (voir 160) que presque tous les verbes français peuvent être précédés de **faire** et forment ainsi des expressions dites causatives. Ces expressions peuvent se mettre à la forme réfléchie (ex.: se faire servir à déjeuner), mais non au passif. En anglais le passif est possible: *They made him do it; he was made to do it.*

L'avantage du passif est de ne pas préciser qui fait l'action. Le français, s'il choisit l'actif, pourra être aussi vague que l'anglais en employant **on**, mais le passif est possible avec un autre verbe.

On lui a fait suivre la lettre de Paris.
La lettre lui a été réexpédiée de Paris.

Deuxième exemple:
I want you to leave as soon as possible.

Les points importants sont l'idée de volonté et celle d'un délai aussi court que possible. La première s'exprime par **vouloir que** suivi du subjonctif; la deuxième est rendue par un superlatif et non par un comparatif d'égalité.

Je veux que vous partiez le plus tôt possible.

Ici intervient une considération d'ordre stylistique. **Je veux que** est plus impérieux que ***I want you to***, déjà plus fort que ***I'd like you to***.

Très souvent à ***I want you to*** correspond le conditionnel d'atténuation: **je voudrais que** . . . Ainsi on dira:

Je voudrais que vous partiez le plus tôt possible.

Troisième exemple:
You will have finished before he comes back.

Dans cette phrase, il y a deux actions, celle de finir et celle de revenir, dont on nous dit que l'une aura cessé quand l'autre se produira. Le mot ***before*** est la charnière de l'énoncé parce qu'il marque l'antériorité d'une action par rapport à l'autre. Ce mot peut être préposition ou conjonction suivant qu'il introduit un nom ou une proposition. Ici il est conjonction. En français, la préposition et la conjonction n'ont pas la même forme; c'est **avant que** qui introduit un verbe à un mode personnel:

Vous aurez fini avant qu'il revienne.

Mais si les deux verbes avaient le même sujet, nous serions obligés d'employer **avant de**:

Je le ferai avant de partir.

Car c'est moi qui le ferai et c'est moi qui partirai.

Conformément à la méthode dont il vient d'être donné une première application et qui consiste essentiellement à passer des idées aux mots, les chapitres qui suivent sont consacrés non pas aux parties du discours (nom, adjectif, verbe, etc.) mais aux principaux besoins d'expression que la langue courante permet de satisfaire. Nous voulons, par exemple, exprimer la distance, la durée, la fréquence, indiquer qu'une action a eu lieu avant une autre, ou encore mettre une idée en relief, dire que non seulement nous avons écouté quelqu'un, mais que nous l'avons écouté avec une attention soutenue. La langue est là pour nous permettre de le faire, à condition que nous sachions utiliser ses ressources. Naturellement, celles-ci sont moins abondantes pour les étrangers que pour ceux qui parlent cette langue depuis leur enfance, mais le mécanisme d'utilisation reste le même. Pour bien comprendre ce mécanisme, il convient de partir de certaines notions de base exposées ci-après.

STRUCTURE

On a vu par ce qui précède qu'en parlant ou en écrivant, nous choisissons des mots que nous assemblons pour communiquer notre pensée. Exceptionnellement un seul mot peut constituer un énoncé (Entrée. Partez!), mais normalement un énoncé est une suite de mots alignés dans un certain ordre, qu'on peut appeler SÉQUENCE, et entre lesquels existe un rapport dont dépend la forme que doivent prendre ceux d'entre eux qui sont variables (nom, article, adjectif, verbe).

Tout énoncé est ainsi structuré, et on peut appeler STRUCTURE la façon dont les mots s'agencent pour véhiculer un sens. Les structures peuvent être communes à plusieurs langues ou particulières à une seule. En anglais, le modifiant précède le modifié (*three meters wide*), alors que le français obéit à la tendance inverse (large de trois mètres). La possibilité pour un verbe d'être suivi de deux compléments directs constitue pour l'anglais une structure que le français n'a pas (voir 167). On peut dire que la grammaire d'une langue est l'ensemble des structures que cette langue utilise.

GRAMMATICAL ET IDIOMATIQUE

Ici intervient la distinction entre ce qui est grammatical et ce qui est idiomatique. Il n'y a rien de contraire à la grammaire du français dans le tour « la tête me fait mal ». Il se trouve simplement que cette façon de parler ne paraît pas naturelle. Ce n'est pas ainsi qu'un francophone se plaindra spontanément d'avoir mal à la tête. De même « Il court à travers la rue » n'enfreint aucune règle de grammaire, mais la façon normale, instinctive d'exprimer cette idée est de dire « Il traverse la rue en courant ».

INSERTION GRAMMATICALE

Parce que l'agencement des mots à l'intérieur d'un énoncé comporte des modifications de forme, il y a une différence très importante entre les mots tels qu'ils figurent dans un dictionnaire pour y être définis et tels qu'ils apparaissent dans un énoncé, surtout si ce sont des mots variables. Dans le premier cas, ils sont seuls (en tête de l'article qui leur est consacré) et s'ils sont variables, ils figurent sous la forme que l'usage des dictionnaires leur assigne: le nom, sauf exception, au singulier, le verbe à l'infinitif, l'article et l'adjectif au masculin et au singulier. Les mots invariables (adverbes, prépositions, conjonctions) entrent tels quels dans un énoncé, mais ils ne peuvent se mettre n'importe où.

Il en résulte que l'insertion d'un mot dans un énoncé exige, pour qu'il puisse y fonctionner syntaxiquement, une adaptation grammaticale qui porte sur sa forme ou sur sa place, et souvent sur les deux. Le passage du style télégraphique au style discursif à propos des titres de journaux a mis en évidence la nature et l'importance de cette adaptation. L'une des raisons pour lesquelles il est difficile, quand on étudie une langue étrangère, de passer d'une liste de mots appris par cœur à la pratique orale ou écrite, c'est qu'il y a un fossé entre l'effort de mémoire grâce auquel on retient la forme et le sens d'un mot, et l'entraînement qui permet de le faire fonctionner dans une phrase.

AFFECTIVITÉ

Il est également utile de se rappeler que nous exprimons des sentiments aussi bien que des idées et qu'un énoncé comprend le plus souvent des éléments intellectuels et des éléments affectifs, ceux-ci reflétant notre façon de sentir. *Little* est généralement affectif; *small* est surtout intellectuel. Cette distinction est à retenir pour étudier les mots de caractérisation.

NIVEAUX DE LANGUE

Enfin il faut aussi tenir compte du fait que nous adaptons ce que nous disons aux situations dans lesquelles nous nous trouvons. Une langue se parle à plusieurs niveaux. La langue dite courante n'est pas exactement celle qu'on emploie pour communiquer avec l'administration, et la différence a une valeur pratique qu'on ne saurait négliger. Deux mots peuvent être séparés par le sens (par exemple *cool* et *cold*) ou par le niveau de langue (par exemple *to put out* et *to extinguish*). Il existe au moins deux niveaux de langue dans les formes interrogatives. « Quand est-ce que vous l'avez vu ? » est plus familier que « Quand l'avez-vous vu ? » (voir 189).

EXERCICES A

Ces exercices consistent à reconnaître dans une phrase donnée certains des éléments de sens qui entrent dans la signification totale de l'énoncé, et à rattacher à chacun d'eux les mots qui les représentent. Ce travail est fait pour la phrase n° 1, qui sert ainsi de modèle.

1. En partant de bonne heure nous pouvons espérer arriver le même jour.

   Quels sont les mots qui servent à marquer: *a.* la possibilité, *b.* une certaine confiance, *c.* la durée limitée du voyage, *d.* le moment qui se situe au début de la période considérée, *e.* le moyen?

La réponse est:

a. pouvons, *b.* espérer, *c.* arriver le même jour, *d.* de bonne heure, *e.* en partant . . .

2. Ce dictionnaire doit coûter dans les quinze dollars.

Quels sont les mots qui marquent:

a. l'approximation, *b.* la supposition ou la probabilité, *c.* le fait qu'il a déjà été question du dictionnaire?

3. Cela voulait sûrement dire qu'on était tout près d'un lieu habité.

Quels sont les mots qui marquent:

a. la proximité, *b.* le rappel d'une chose déjà mentionnée, *c.* la quasi-certitude, *d.* le fait de donner un sens à une chose vue on perçue?

EXERCICES B

Dans les exercices précédents, il s'agissait de rattacher les mots d'une phrase française aux éléments de sens qui en constituent la signification totale.

Dans les exercices qui suivent, les phrases sont en anglais. Chaque phrase est suivie de deux listes en français. La liste A est celle des éléments de sens de la phrase proposée. La liste B est formée de phrases où vous trouverez des éléments—mots ou constructions—qui peuvent servir à exprimer les éléments de sens de la liste A. Toutes les phrases ne sont pas utilisables.

Après avoir soigneusement étudié ces deux listes, composez, à l'aide de mots et de tours choisis en fonction des idées à exprimer, une phrase française qui ait le même sens que la phrase anglaise.

Exemple: *He will not be able to see you until next week.*

Liste A (éléments de sens)

— il s'agit de deux personnes
— possibilité de faire quelque chose
— rencontre à venir
— date de la rencontre
— cette date ne peut être avancée

Liste B (phrases et expressions à étudier)

1. Nous pourrons nous en occuper.
2. Elle ne viendra pas.
3. Il se peut qu'elle vous en parle.
4. Je n'ai commencé que le lendemain.
5. Nous n'irons pas avant lundi.

Observons les éléments de la liste B. La phrase 1 donne une façon d'exprimer la possibilité dans l'avenir. Les phrases 4 et 5 offrent deux moyens de marquer qu'une chose n'aura pas lieu aussitôt qu'on l'aurait supposé. Avec des indications, on peut maintenant composer la phrase:

Il ne pourra vous voir que la semaine prochaine.
Il ne pourra pas vous voir avant la semaine prochaine.

Exercice 1. *Ask him how long it will take to get the car fixed.*

Liste A

— il s'agit de trois personnes
— demande de renseignements
— durée d'un travail
— nature de ce travail
— celui qui demande ne fera pas le travail lui-même.

Liste B

1. Je viens de faire relier plusieurs de mes livres.
2. Il n'a pas posé de questions.

3. Cela a beau être près, il faut quand même une demi-heure pour y aller.
4. De quelle longueur est son bateau?
5. Combien de temps a-t-il dit qu'il resterait?
6. Il a été demander à son frère de l'aider.

Exercice 2. *Much as we hurried, we got there too late.*

Liste A

— hâte
— hâte inutile
— déplacement
— retard

Liste B

1. Il venait de partir quand nous sommes arrivés.
2. Vous aurez beau insister, vous ne le convaincrez pas.
3. Le beau temps est venu trop tard pour sauver la récolte.

Exercice 3. *He glanced at his watch and found he could stay another five minutes.*

Liste A

— prolongation limitée à cinq minutes
— le recours à la montre
— enregistrer un fait et non pas exprimer une opinion
— la prolongation est envisagée comme un présent ou un futur par rapport au moment où a lieu l'action exprimée par ***to find***

Liste B

1. Il a dit qu'il s'en occupait.
2. Vous avez encore une heure de jour.
3. Il a trouvé que c'était trop difficile.
4. J'ai constaté qu'on avait oublié d'éteindre.

I

Entités

Désignation des choses et des gens

1 Les désignations se font généralement au moyen de substantifs. L'anglais forme plus facilement des substantifs que le français. Il dispose en effet d'un suffixe, le suffixe ***-ness***, qui peut s'ajouter à un très grand nombre d'adjectifs pour former des noms que le français ne peut pas toujours rendre par un seul mot. A *suspiciousness* correspond la méfiance, et à *lawlessness* l'anarchie. *Overtiredness* sera l'excès de fatigue, et *gregariousness*, l'instinct grégaire, mais la traduction de *the cool smoothness of a statue* exige quelque recherche: « la surface fraîche et lisse . . . ». Traduction obtenue en revenant à l'adjectif et en lui trouvant un nom auquel l'appuyer.

En outre, l'anglais peut substantiver n'importe quel verbe en le mettant à la forme en ***-ing***. Beaucoup des substantifs ainsi formés ont un équivalent en français: *riding*, l'équitation; *reading*, la lecture. La difficulté s'accroît quand le nom verbal a un complément: *learning the Morse code*, « l'étude de l'alphabet Morse ». A défaut de substantif, on peut, dans certains cas, traduire par l'infinitif, qui, en français, est la forme substantivale du verbe: *going to bed early*, « se coucher de bonne heure ». Mais le contexte peut exiger que cet infinitif soit présenté ou introduit en quelque sorte: *Changing children's behavior*, « **Comment** modifier le comportement des enfants »; *overcoming sulking*, « pour cesser de bouder » (s'il s'agit de conseils). Le procédé qui permet de résoudre un grand nombre de cas est celui qui consiste à faire précéder l'infinitif de **le fait de**: *Saying no politely and firmly*, « le fait de dire non d'un ton poli et ferme ».

2 Le substantif s'insère dans l'énoncé de la même façon qu'en anglais quand il est introduit par un démonstratif, un possessif ou un adjectif numéral: **ce livre, son livre, trois livres**. C'est quand il n'est pas déterminé que les deux langues procèdent différemment. En effet, le substantif anglais peut s'employer seul, c'est-à-dire tel qu'il figure au dictionnaire (voir ci-dessus), quand il n'est pas déterminé et désigne une abstraction, un processus, une action:

> *Accuracy is important in this type of work.*
> La précision est importante dans ce genre de travail.
>
> *Construction will start in the fall.*
> Les travaux commenceront à l'automne.

De plus, le substantif qui désigne une réalité concrète peut fonctionner syntaxiquement au pluriel sans déterminant.

> *Cars were a luxury in those days.*
> Les autos étaient un luxe dans ce temps-là.
> L'automobile était un luxe . . . (voir ci-dessous).

Le pluriel anglais d'un mot concret s'emploie de deux façons. Il peut désigner des objets en nombre limité:

> *There were books lying on the floor.*
> Il y avait **des livres** qui traînaient par terre.

Il peut aussi renvoyer à un ensemble, à une catégorie d'objets qu'il serait impossible de réaliser matériellement.

> *Books are today competing with the radio and TV.*
> **Les livres** sont aujourd'hui concurrencés par la radio et la télévision.

Comme plus haut dans le cas des autos, on peut représenter la catégorie par un singulier:

Le livre est aujourd'hui concurrencé . . .

3 La différence essentielle entre l'usage anglais et l'usage français sur ce point est que le français emploie l'article défini devant le nom, même quand celui-ci a le sens très général de classe ou de notion.

Cows give us milk. **Les** vaches nous donnent du lait.
It was time to milk the cows. C'était l'heure de traire **les** vaches.

He goes to school. Il va à l'école (comme élève).
He goes to the school. Il va à l'école (pour voir le directeur).

« Les conséquences économiques de la paix » peut être en anglais aussi bien *The economic consequences of peace* que *The economic consequences of the peace*. Dans ce dernier cas il s'agit de la paix qui vient d'être signée.

Un exemple particulièrement instructif est celui de « L'homme boit » qui peut désigner l'homme en général qui ne peut se passer d'eau, l'homme dont on parle et qui s'adonne à la boisson, et enfin l'homme qu'on voit en train de boire. D'où les trois traductions: *Man drinks, the man drinks, the man is drinking.*

4 Ce principe général ne règle pas, cependant, tous les cas particuliers et il arrive que le français fasse pour certains mots ce que l'anglais fait pour d'autres.

Exemples:

Je vous retrouverai à l'hôtel (où nous sommes descendus).
I'll meet you at the hotel (*where we are staying*).

Il a dû passer la nuit à l'hôtel (mode de logement).
He had to spend the night at a hotel.

Par contre, c'est le français qui distingue entre le particulier et le général à propos de **cancer**:

Il est mort d'un cancer.
He died of cancer.
Le cancer est une maladie très répandue.
Cancer is a widespread disease.

Il faut aussi tenir compte de l'incidence du nombre (passage du singulier au pluriel). Connaissance avec l'article défini est l'idée de connaître. Précédé d'un possessif et toujours au singulier, le mot désigne ce qu'on sait d'une matière. Au pluriel, il s'applique à des éléments précis de la connaissance. *His knowledge of French* peut donc être soit « sa connaissance du français » ou « ses connaissances en français ».

On voit que le sens d'un mot peut varier avec son insertion grammaticale, et cela ne vaut pas que pour les désignations.

5 Comme en anglais, les noms de personnes ne prennent pas l'article défini, mais l'adjonction d'un titre (autre que monsieur ou monseigneur) ou d'un qualificatif entraîne l'emploi de l'article.

Charles de Gaulle, le général de Gaulle
Elizabeth, reine d'Angleterre, la reine Elizabeth
Paul, âgé de trois ans, le petit Paul

Les noms de pays, de montagnes et de cours d'eau prennent l'article défini.

les Etats-Unis, le Canada, la Suisse
le mont Blanc, le Saint-Laurent

Les noms de rues, avenues et places s'emploient sans article quand ils sont compléments, sans préposition, d'un verbe de déplacement ou de résidence.

Il habite place de l'Opéra. Je vais rue Lepic.

Mais l'article est obligatoire après une préposition.

Cette rue débouche sur la place de l'Opéra.
La voiture s'engagea dans l'avenue des Ternes.

6 Les noms des jours de la semaine peuvent se construire de trois façons, qui correspondent à des situations différentes.

Si le jour de la semaine est dans la semaine passée, présente ou prochaine, il s'insère dans la phrase sans article.

Il est arrivé **jeudi**. Il repart **lundi**.

S'il est dans une autre semaine, il est précédé de l'article défini, ou de l'article indéfini quand on ne pense pas à une semaine en particulier.

Il est arrivé **le (un) jeudi** et reparti **le (un) lundi**.

Si l'on veut indiquer qu'une action a lieu chaque semaine le même jour, on a le choix entre **le, chaque** et **tous les**.

Le samedi (chaque samedi, tous les samedis), il fait du jardinage.

On voit que, contrairement à l'usage américain, le jour de la semaine est toujours déterminé, sauf quand il n'est distant que d'une semaine du jour où l'on parle. Par conséquent, l'article est nécessaire dans la traduction de l'exemple suivant:

Passengers taking Tuesday's early morning flight from Boston . . .

Les passagers qui prennent le premier avion **du** mardi matin au départ de Boston . . .

L'article est également de rigueur quand le jour de la semaine est suivi d'une date autre que celle où l'on est. Comparez:

Jeudi 29 janvier 1976 (date d'une lettre)
Il est venu le jeudi 29 janvier.

(Notez la place de l'article, avant et non après le jour de la semaine.)

7 Pour présenter certains détails physiques, moraux, vestimentaires ou autres que l'individu partage avec les autres hommes, on emploie aussi l'article défini, conformément à la tendance du français qui est de généraliser, alors que l'anglais se sert de l'article indéfini ou de l'adjectif possessif (voir 97):

Il a les cheveux châtain clair.
He has light brown hair.

Elle a le cou long.
She has a long neck.

Il est revenu chez lui, la conscience tranquille.
He came home with an easy conscience.

Ils avançaient l'arme en bandoulière.
They moved along with slung rifles.

Il se tenait là, les mains dans les poches.
He stood there with his hands in his pockets.

Il en va de même des unités de prix:

Le beurre coûte 5 francs la livre.
Butter costs 5 francs a pound.

8 En principe, l'article est omis devant un nom employé comme attribut ou en apposition.

Il est professeur. Son père était officier de marine.
(Mais: Il est le professeur de ma fille.)
M. Durant, professeur au lycée, fera une conférence demain soir.

Notez la différence de construction entre l'anglais et le français dans les deux exemples suivants:

An English physicist, *Faraday, coined the word* "electrode".
Faraday, ***an English physicist***, *coined the word . . .*
Un physicien anglais, Faraday, a forgé le mot . . .
Faraday, **physicien anglais**, a forgé le mot . . .

En anglais, le changement de séquence n'entraîne pas de changement de structure. En français l'article, nécessaire devant le sujet, disparaît devant l'apposition.

L'article s'emploie devant le nom en apposition, quand on veut individualiser et faire ressortir la qualité de la personne.

Sir Winston Churchill, l'homme d'Etat anglais . . .
(C'est-à-dire l'homme d'Etat bien connu.)

D'ailleurs, l'article est de rigueur quand le nom, apposition ou attribut, est accompagné d'un qualificatif:

Victor Hugo, le grand poète du XIXe siècle . . .
Il a été un grand savant.

L'article est aussi omis après **en** ou **comme** introduisant le titre, la capacité:

Il a parlé en spécialiste de la question.
He spoke as an expert in the field.

L'article reparaît quand la détermination est étoffée:

Il a parlé comme un homme qui ne sait pas ce qu'il dit.

9 Un grand nombre de locutions figées comprennent des noms employés sans article:

prendre garde, rendre compte, garder rancune, faire bombance, crier misère, etc.

Après **avec et sans** les noms abstraits non qualifiés ne prennent pas l'article. Comparez:

Ils ont lutté avec courage.
Ils ont lutté avec un courage surhumain.

Ils ont répondu sans hésitation.
Il n'a pas accepté sans une certaine hésitation.

Avec des verbes, des adjectifs, des noms qui se construisent avec **de**, l'article partitif (**du**, **de la**, **des**) est omis. Comparez:

Il me faut **de l'**argent. J'ai besoin **d'**argent.
Il faut **du** courage. Il manque **de** courage.

Il y a de la neige sur le sol. Le sol est couvert **de** neige.
Le sol était encore couvert **de la** neige tombée huit jours avant.

Dans ce dernier exemple, **de la** représente la préposition **de** suivie de l'article défini **la** qu'exige la détermination de **neige** par les quatre derniers mots.

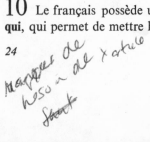

10 Le français possède un TOUR DE PRÉSENTATION avec **il y a . . . qui**, qui permet de mettre l'accent sur le substantif ainsi détaché.

Il y a des gens qui le savent.
Some people know this.

Il y a quelque chose qui me paraît étrange dans tout cela.
Something strikes me as odd in all this.

En pareil cas, l'anglais accentue légèrement le mot à mettre en relief.

Pour montrer une personne ou une chose, on emploie **voilà** ou **voici**:

Voici le livre qu'il vous a apporté.
Here is the book that he brought you.

Voilà ce que j'ai fait jusqu'à maintenant.
This is what I have done so far.

Les voilà!
Here they come!

EXERCICES

A. A l'aide des mots et des noms donnés ci-après formez des expressions combinant un titre ou une appellation et un nom propre:

1. série des titres ou appellations:
   commandant, général, maréchal, petit, pape, prince, roi.
2. série des noms propres:
   Foch, de Gaulle, Léon XIII, Louis XV, Marchand, Pierre, Rainier.

B. Composez des phrases relatives à des adresses avec les éléments ci-après, le temps du verbe dans chaque phrase et le sujet de la phrase et le temps de verbe étant laissés à votre choix dans les deux premiers exemples.

1. (sujet), habiter, rue, le général Foy
2. (sujet), être situé, boulevard, Raspail
3. Mallarmé, habiter, rue, Rome

C. Composez des phrases fixant la date d'un événement en utilisant les éléments suivants d'après les indications données entre parenthèses:

1. jeudi donner sa réponse
2. jeudi dîner ensemble
3. jeudi vendredi arriver repartir

(1. c'est-à-dire dans cinq jours; 2. c'est une habitude; 3. il s'agit d'une période précise dans le passé.)

D. Faites, à l'aide des mots ci-après, des expressions composées d'un verbe et d'une locution adverbiale:

Exemple: s'en tirer surprenant adresse
s'en tirer avec une adresse surprenante

conduire, écouter, prier, lutter, servir
édifiant, extrême, indéfectible, rare, soutenu
attention, courage, ferveur, fidélité, prudence

Refaites ces expressions en supprimant les adjectifs.

E. Employez le tour présentatif dans les phrases suivantes:

1. Une dame à la porte vous demande.
2. Des gens étaient arrêtés devant le théâtre.
3. Deux personnes ont été blessées.
4. Très peu de gens ont pu entrer.
5. Quelqu'un arrive toujours en retard.

F. Complétez les phrases suivantes au moyen des mots donnés entre parenthèses:

1. Sa mère était . . . dans un petit village (institutrice).
2. Nîmes est . . . du midi (ville).
3. Son père était . . . (officier de cavalerie).

4. Monet fut . . . (peintre impressionniste).
5. Vigny fut . . . (poète romantique).

Reprenez ensuite ces phrases en supprimant le verbe **être** et en leur incorporant les propositions suivantes:

1. elle lui apprit à lire
2. elle a des arènes romaines
3. il l'éleva sévèrement
4. il peignit de beaux effets de lumière
5. il est l'auteur de *Chatterton*

Le résultat doit être chaque fois une phrase à un seul verbe où la ponctuation intérieure soit limitée aux virgules.

Détermination — Identification — Précisions

11 Pour identifier une personne, une chose, une idée, on se sert, comme on l'a vu, de démonstratifs (**ce**, **cet**, **cette**, **ces** avec ou sans l'adjonction de **-ci** et de **-là** aux noms qu'ils introduisent). On utilise aussi des propositions relatives.

12 Les démonstratifs **ce . . . -ci**, **ce . . . -là** (adjectifs) et **ceci**, **cela** (pronoms) s'emploient à peu près comme ***this*** et ***that*** en anglais, mais il faut tenir compte de certaines différences d'emploi.

L'anglais n'a qu'une forme écrite pour l'adjectif et le pronom et il oblige à choisir entre ***this*** et ***that***. Le français possède une forme adjectivale intermédiaire, **ce**, qui permet de ne pas choisir entre **ce . . . -ci** et **ce . . . -là**. Cette ressource n'existe pas pour les pronoms **ceci**, **celà**.

De toute façon, l'opposition est moins accusée entre les formes en **-ci** et en **-là** qu'entre ***this*** et ***that***. **Ce livre** suffit dans bien des cas, et il n'est pas impossible de dire **ce livre-là** d'un livre qu'on tient à la main. De plus, si l'objet dont on parle ne s'oppose pas à un autre dans la même situation, il est normal d'employer l'article défini au lieu du démonstratif.

This country won't stand for that.
Le pays n'acceptera jamais cela.

No bicycling in this park.
Défense de circuler à bicyclette dans le parc.
(Il n'y a pas d'autre parc dans le voisinage.)

Voici deux situations différentes dont l'anglais rend compte au moyen de la même structure:

This stairway closed. This section closed.

Dans la première situation, il n'y a pas d'autre escalier. Le démonstratif qui choisit, qui oppose un escalier à un autre est donc inutile et on dit simplement: « Escalier interdit au public ».

Dans la seconde situation, il y a d'autres tables du restaurant où les clients peuvent être servis. Le démonstratif d'opposition se justifie: « Pas de service à ces tables ».

13 Le démonstratif ***that*** peut avoir en anglais une valeur affective qui se rend en français par d'autres moyens.

And then I must take time out to finish ***that*** *novel.*
Après cela, il faut que je prenne un congé pour finir **mon** roman.

Get after ***that*** *rust.*
Attention à la rouille.

Si on regarde ce qui est rouillé, on peut dire: Enlevez-moi cette rouille.

They ruin ***those*** *engines.*
On **me** massacre **les** moteurs.

14 Lorsque le pronom relatif est sujet du verbe, sa forme est **qui**, le français n'ayant qu'une forme pour ***who, which*** et ***that***, sujets de

verbes. Lorsque le relatif est complément direct du verbe, sa forme est **que**.

Quand le verbe de la relative est intransitif et que le pronom relatif est complément, le français n'a qu'une construction, tandis que l'anglais en a deux:

The man I spoke to . . .
The man to whom I spoke . . .
Le monsieur à qui j'ai parlé . . .

On voit que dans ce cas la relative commence par la préposition (ou la locution prépositive) avec laquelle se construit son verbe ou sa locution verbale. Ceci reste vrai quand le relatif s'incorpore la préposition comme dans **auquel, à laquelle, duquel**, etc.:

L'incident que vous relatez . . .
L'incident auquel vous faites allusion . . .
(faire allusion à)
L'étudiant en faveur de qui vous êtes intervenu . . .
(intervenir en faveur de)

15 Quand la préposition requise par le verbe est **de**, le relatif est **dont** ou **duquel** (**de laquelle**, etc.) pour les choses et les personnes, et **de qui** pour les personnes seulement:

Les choses dont il s'occupe . . .
Le candidat dont vous m'avez parlé . . .

Duquel ne s'emploie guère là où **dont** est possible. **Duquel** est nécessaire pour indiquer la possession quand le verbe de la relative se construit avec une préposition. Notez la différence de construction:

Le monsieur dont vous m'avez présenté le frère . . .
The man whose brother you introduced to me . . .
Le monsieur au frère duquel vous m'avez présenté . . .
The man to whose brother you introduced me . . .
Les amis avec l'aide de qui il s'est tiré d'affaire . . .
The friends with whose help he solved his problem . . .

Dans ce dernier exemple **desquels** peut remplacer **de qui**.

16 Il existe un adverbe relatif **où** qui introduit, de la même façon que **qui**, **que**, **dont**, des propositions relatives servant à déterminer le lieu et le temps. Il peut être précédé de **de**, **par**, **jusqu'à** pour indiquer respectivement la provenance, l'itinéraire, le lieu atteint:

L'endroit où nous sommes arrêtés . . .
The place where we stopped . . .

Le jour où vous êtes venus . . .
The day you came . . .

Le pays d'où il vient . . .
The country he comes from . . .

La ville par où nous sommes passés . . .
The town by which we went . . .

Le pont jusqu'où nous sommes allés . . .
The bridge we went up to . . .

17 L'inversion du sujet et du verbe de la relative est possible lorsque le verbe n'a pas d'autre complément que le relatif. Elle peut être alors désirable pour mieux équilibrer la phrase:

Il s'inquiète toujours de ce que font et disent les voisins.
Elle demande ce que fait Paul.

On peut dire: Le train par lequel sont arrivés nos amis.
ou Le train par lequel nos amis sont arrivés.

Mais on dira obligatoirement:

Le train par lequel nos amis sont arrivés de Rome.

parce que le verbe a un complément, ce qui fait que le sujet doit reprendre sa place avant le verbe.

18 Le cas de la relative à deux verbes se présente différemment en français et en anglais parce que le français ne peut pas faire l'ellipse du relatif:

The house I knew was for sale . . .
La maison que je savais être à vendre . . .

The house I knew he had bought . . .
La maison que je savais qu'il avait achetée . . .
ou La maison que, je le savais, il avait achetée . . .

19 La relative peut être rattachée à un représentant qui est alors **celui, celle, ceux**. On peut dire:

Les tableaux que vous m'avez montrés . . .
Ceux que vous m'avez montrés . . .

Le livre dont la couverture est bleue . . .
Celui dont la couverture est bleue . . .

Il est à noter que **celui, celle, ceux, celles** sont suivis obligatoirement soit de **-ci, -là**
soit d'un pronom relatif (**qui, que, dont**, etc.)
soit de la préposition **de**:

Celui-ci . . .
Celui que votre frère a apporté . . .
Celui de votre frère . . .

20 A côté de **celui (celle, ceux, celles)**, **qui (que, dont**, etc.) la langue dispose également du tour **ce qui, ce que, ce dont**, etc. pour désigner des choses indistinctes, sans individualité, ou quelque chose qui n'a pas encore été précisé:

Ce qui me surprend, c'est son silence.
Ce que je ne comprends pas très bien, c'est . . .
Ce à quoi je pense . . . à
Ce dont je m'étonne . . . de

La totalité, dans ce dernier cas, s'exprime en faisant précéder ce tour de **tout**:

> **Tout ce qu'**il dit est intéressant.
> Prenez **tout ce dont** vous avez besoin.

21 La relative s'emploie en français là où l'anglais détermine au moyen d'un nom précédé d'une préposition:

> Le livre **qui est sur** le rayon . . .
> *The book* ***on*** *the shelf . . .*
>
> Les officiers **qui l'entouraient**
> *The officers* ***around*** *him . . .*

Il arrive aussi qu'on puisse employer le complément prépositionnel avec **de**:

> la chambre **du** second
> *the room* ***on*** *the third floor*
>
> un tableau **de** Picasso
> *a picture* ***by*** *Picasso*

22 Les relatives, comme en anglais, sont tantôt déterminatives, tantôt explicatives; ou bien elles identifient, ou elles ajoutent un détail supplémentaire, et la ponctuation, dans les deux langues, marque la différence. Comparez:

> Les rues qui se coupent à angle droit sont numérotées.
> *The streets that are at right angles are numbered.*
>
> Les rues, qui se coupent à angle droit, sont numérotées.
> *The streets, which are at right angles, are numbered.*

that - qui se

Normalement, le démonstratif ne s'emploie pas avec une proposition relative (ou participiale) qui détermine le nom:

Un cours a été prévu pour les étudiants qui n'ont jamais fait de français.

A course is offered for ***those*** *students who have never had French.*

Cependant le démonstratif est d'usage lorsque la relative a une valeur affective (voir p. 10), c'est-à-dire si elle exprime un mouvement de la sensibilité.

Ces gens qui ne sont pas à l'heure, sur qui on ne peut pas compter . . .
(et, par conséquent, à qui on regrette d'avoir affaire.)

Lorsque la relative explique, au lieu de déterminer, le démonstratif s'emploie si le sens l'exige.

Ces personnes, qui étaient là, pourront confirmer mes dires.
These people, who were there, can confirm my statement.

23 L'adjectif verbal ne s'emploie en français que pour marquer une qualité permanente. Il relève alors de la caractérisation (voir 40 *et sqq.*):

une étoile filante	*a shooting star*
des sables mouvants	*shifting sands*

Lorsqu'il s'agit d'un détail accidentel, la relative s'emploie au lieu de l'adjectif verbal:

Je le vis sortir et monter dans une voiture qui attendait.
I saw him go out and get into a waiting car.

24 Certains détails qui constituent un signalement sont souvent donnés au moyen d'un complément descriptif introduit par **avec, à, en:**

la maison aux volets verts
the house with the green shutters
l'homme au masque de fer
the man in the iron mask
la dame en manteau de fourrure
the lady in the fur coat
le monsieur au complet bleu
the man in the blue suit

Le complément descriptif relève autant de la CARACTÉRISATION (voir 40) que de la DÉTERMINATION. Il y a simple caractérisation si je parle d'une maison aux volets verts, c'est-à-dire qui a des volets verts, qui est caractérisée par la couleur de ses volets. Mais, si cette caractérisation devient sa marque distinctive, si, par exemple, il n'y a qu'une maison qui ait des volets verts parmi celles que je vois, le complément descriptif « aux volets verts » sert à déterminer, à identifier autant qu'à caractériser.

EXERCICES

A. Transformez les phrases ou membres de phrases ci-dessous d'après le modèle suivant:

a. l'article que Paul a écrit
b. celui que Paul a écrit
c. celui de Paul

1. l'auto que votre frère a achetée
2. la chambre qui est au troisième
3. les meubles qui sont dans le salon
4. le manuel dont nous nous sommes servis l'an dernier
5. les nouvelles que Maupassant a écrites

B. Faites avec les mots de chacune des phrases ci-après une relative qui détermine le mot en italique. Ce mot sera alors précédé de l'article défini.

Exemple: Il a écrit *une lettre.* La lettre qu'il a écrite . . .

1. Il a subi *un examen.*
2. Il a retenu *une place* dans le train.
3. Il m'a entretenu d'*une affaire.*
4. Je me suis adressé à *un employé.*
5. Vous avez été témoin d'*un accident.*

C. Faites avec les éléments ci-après des membres de phrase d'après les indications suivantes: le substantif doit être déterminé par une relative dont le verbe est au passé composé; le relatif est le complément et non le sujet du verbe; le choix du sujet est libre, mais il doit varier le plus possible.

Exemple:	le papier	acheter
	la personne	remettre la lettre

Le papier que j'ai acheté . . .
La personne à qui vous avez remis la lettre . . .

1.	la grotte	entrer
2.	le musée	visiter
3.	la gare	descendre
4.	les outils	se servir
5.	la ville	traverser
6.	le terrain	faire bâtir
7.	le tableau	acheter
8.	la réparation	falloir faire
9.	le camarade	aller au cinéma
10.	l'ami influent	obtenir le poste

D. Traduisez:

1. the house on 42nd Street
2. the money in the till
3. the room at the back
4. What I need is time.
5. What he did not expect was this sudden reversal.
6. what I am here for
7. the mistake I knew he had made
8. the things she felt I should do
9. the house I heard he had bought
10. the friend we did not think we could count on

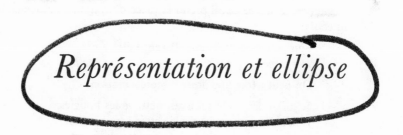

Représentation et ellipse

REPRÉSENTATION

25 La nécessité de revenir sur ce que l'on vient de dire nous contraindrait à de fastidieuses répétitions si les langues ne disposaient d'une ressource qu'il est commode d'appeler la REPRÉSENTATION. Les mots qui permettent d'éviter la simple répétition sont des représentants. Pour la plupart, ils sont aussi ce que la grammaire traditionnelle appelle des pronoms, mais le terme REPRÉSENTANT a l'avantage d'être plus général. La classe qu'il désigne comprend les pronoms, mais aussi certains adverbes et au moins un verbe, le verbe **faire**.

La représentation fonctionne en français à peu près comme en anglais:

> **Paul** arrive ce soir. **Il** restera jusqu'à samedi.
> Elle apporta **un grand vase** et **le** remplit d'eau.
> Je lui ai demandé **s'il viendrait**. Il m'a dit que **non**.
> **Son départ**, qui approchait, était le grand souci de sa famille. Tout le monde **y** pensait. Personne n'**en** parlait.
> **Il m'aidait** quand j'avais besoin de **lui** et il **le faisait** toujours avec beaucoup de tact.

Dans les exemples ci-dessus, les pronoms **il**, **elle**, et **lui** représentent la personne dont on parle. Le pronom **le** représente un objet; avec le verbe

faire il représente l'action d'aider. Les adverbes **non**, **y**, et **en** évitent la répétition de « qu'il ne viendrait pas » et de « son départ ».

Le pronom **le** peut aussi représenter un titre, une qualité, une profession. Dans ce cas il prend la place d'un nom employé comme adjectif:

> Son père est professeur. Il veut **l'**être aussi.
> *His father is a teacher. He wants to be **one** too.*

On peut avoir une double représentation:

> Je lui ai demandé s'il avait nettoyé les bougies.
> Il m'a répondu qu'il avait nettoyé les bougies.
> qu'il **les** avait nettoyées.
> qu'il **l'**avait **fait**.
> que **oui**.

26 A la troisième personne du singulier, certaines difficultés se présentent du fait que l'anglais a deux formes, ***he*** et ***it***, alors que le français n'en a qu'une: **il**. Le pronom personnel **il** désigne soit une personne, soit un objet très individualisé. Il représente difficilement une chose que l'on connaît à peine:

> *Stahlbrode is a small cluster of cottages near the water.*
> ***It** was quite empty and silent.*

On hésite à dire, pour rendre la deuxième phrase: « **Il** était solitaire et silencieux », **il** conférant une personnalité que ce lieu n'a pas encore acquise dans ce qui précède. On préférera dire:

> Rien n'y troublait le silence et la solitude.

27 Si **il** correspond tantôt à ***he*** et tantôt à ***it***, par contre ***it*** traduit tantôt **il** et tantôt **ce**. Le choix entre **il** et **ce** existe aussi bien pour les personnes que pour les choses. Il convient d'examiner ces deux cas. Dans les deux exemples qui suivent, **il** et **ce** représentent des choses:

> *a.* Il est difficile de comprendre pourquoi il a fait cela.
> *b.* C'est difficile à comprendre.
> *It is hard to understand* (*why he did that*).

Dans l'exemple *a*, le pronom impersonnel **il** représente l'action de comprendre pourquoi il a fait cela, et on notera que l'adjectif **difficile** se construit avec **de**.

Dans l'exemple *b*, **ce** représente la chose difficile à comprendre et dont on a déjà parlé; cette fois, **difficile** se construit avec **à**.

On peut dire qu'une phrase qui commence par **il est**, lorsque **il** ne représente pas une personne, se continue par un adjectif suivi de la proposition **de**, ou par un adjectif suivi de la conjonction **que**, ou encore par un infinitif introduit par **à** et auquel s'articule une proposition commençant par **que**:

Il est facile de vérifier.
It is easy to check.

Il est rare qu'il refuse.
It is very seldom that he refuses.

Il est à craindre qu'il ne s'en formalise.
It is to be feared that he may take offense.

Quand, dans les tours du même genre, **c'est** est suivi d'un adjectif, cet adjectif se construit sans complément ou avec **à** et un complément:

C'est facile.
C'est facile à vérifier.
It is easy to check.

C'est peut aussi être suivi de **à** et d'un infinitif sans complément:

C'est à voir.
It remains to be seen.

Ces détails de forme ont leur importance, mais la différence essentielle est que, dans ces exemples, **il** anticipe, tandis que **ce** renvoie à une chose dont il a été question. On ne peut remplacer **il** par rien. On pourrait remplacer **ce** par un équivalent tel que: la raison de sa conduite, sa façon de faire, son attitude, etc.

28 Dans la langue parlée, il arrive qu'on trouve **c'est** là où l'on attendrait **il est** d'après ce qui vient d'être dit:

> Ce n'est pas commode de conduire dans le brouillard.
> *It is not easy to drive in the fog.*

Il s'agit alors d'une construction segmentée (voir 178) avec une très légère pause après **commode**, comme si on devait d'abord dire: « ce n'est pas commode », pour compléter ensuite l'énoncé avec la mention de ce qui n'est pas commode. Le même tour peut aussi servir à une mise en relief:

> On ne vous voit pas souvent à cette heure-ci.
> Ce n'est pas souvent qu'on vous voit à cette heure-ci.

29 **Il** et **ce** peuvent aussi se rapporter à des personnes:

> Il est avocat.
> C'est un avocat renommé.

On note tout de suite une première différence entre ces deux tours: l'absence de l'article avec **il**, la présence de l'article avec **ce**. Mais il y a plus. Avec **ce**, on renvoie à toute la personne, on la résume en quelque sorte. Avec **il** on parle de la personne à tel ou tel titre, on détaille au lieu de résumer:

> Il est le fils de M. X; il habite avenue de Wagram; il est l'auteur de plusieurs articles sur le droit international; il est avocat à la cour, etc.

30 La distinction que fait le français entre l'animé (les personnes) et l'inanimé (les choses) a une incidence sur la représentation surtout dans le cas des compléments. On a vu que les pronoms **il** et **elle** ne

peuvent guère s'employer que pour les personnes et les choses individualisées.

Comparez:

Vous avez une nouvelle table. **Elle** est très belle.
Il s'approcha de la table et posa ses livres **dessus**. (et non: sur elle)

Je me souviens **de lui**. (c'est-à-dire de Jean)
Je m'**en** souviens. (c'est-à-dire de cet événement)

Derrière, il y avait un pré avec une haie **autour**.

Dans ce dernier exemple, c'est le français qui sous-entend et l'anglais qui représente:

Back of it there was a grass plot with a hedge around it.

31 Pour renvoyer à quelque chose qui vient d'être dit, on emploie **cela** plutôt que **ceci**:

Cela ne me surprend pas.
This does not surprise me.

L'anglais, dans ce cas pourrait dire ***it*** aussi bien que ***this***. En français, le pronom **il** ne peut rendre ***it*** ainsi employé, parce qu'il renverrait à une personne et non à une chose. D'où la nécessité d'employer **cela**:

Cela paraissait fort improbable.
It *seemed highly unlikely.*

Souvent le français transforme le pronom démonstratif en adjectif, qui se rapporte alors à un nom, ce nom servant à désigner ou à rappeler la chose dont il s'agit:

J'attachai solidement **cette corde** au milieu de ma barre de fer.
This *I securely tied to the center of my iron bar.*

On ne dira pas **cela**, et encore moins **ceci**, pour désigner la corde dont on vient de parler mais que le lecteur, de toute évidence, n'a pas sous les yeux.

Le français ne peut pas isoler l'adjectif démonstratif du nom auquel il se rapporte:

> La différence entre **ce** chapitre et les précédents n'apparaît pas clairement.
> *The difference between* ***this*** *and the preceding chapters is not clearly brought out.*

L'allusion à **ce chapitre**, pour être détachée, devrait être présentée au moyen du pronom démonstratif:

> La différence entre les chapitres précédents et celui-ci . . .

Quand on veut renvoyer à la dernière de plusieurs choses ou personnes, on emploie **celui-ci**, **celle-ci**. Dans le cas des personnes on peut dire aussi **ce dernier**:

> Nous y sommes allés avec Paul et André dans la voiture de ce dernier.

Quand deux personnes viennent d'être mentionnées, **celui-là** ou **celle-là** renvoie à la première et **celui-ci**, **celle-ci** à la seconde. On peut également dire **le premier**, **le second** (voir 56):

> Clemenceau et Poincaré jouèrent un rôle important pendant la guerre de 1914, le premier (celui-là) comme président du Conseil à partir de 1917 et le second (celui-ci) comme président de la République.
> *Clemenceau and Poincaré played an important part in World War I, the former as Prime Minister from 1917 on and the latter as President of the Republic.*

32 Parce que le français ne peut employer l'article indéfini **un, une** comme représentant, il arrive qu'il préfère la répétition à la représentation, ou encore qu'il change de représentant.

The drug addiction problem is one of communication.
Le problème de la drogue est un problème de communication.

Another disturbing factor and one not unconnected with labor unrest . . .
Un autre facteur inquiétant et qui n'est pas sans rapport avec l'agitation syndicale . . .

33 Il arrive que la langue procède par ELLIPSE au lieu d'avoir recours à la REPRÉSENTATION. Nous avons un exemple de représentation avec « Pensez-y », et un exemple d'ellipse avec « Réfléchissez » (sous-entendu: à ce que je vous propose). De même il y a ellipse de la destination dans « je pars », mais représentation obligatoire avec « j'y vais ». Le verbe **aller** exige la représentation de la provenance ou de la destination (je m'en vais, j'y vais) à tous les temps sauf au futur et au condionnel, où il y a ellipse: « j'irai, j'irais ».

34 Avec des mots exprimant la quantité (**un, plusieurs, beaucoup,** etc.) le français représente les objets dont on considère un certain nombre:

Prenez-**en** un.
Take one.

Donnez m'**en** un autre.
Give me another.

Donnez-lui-**en** deux de plus.
Give him two more.

L'adjectif pouvant, en français, s'employer substantivement au singulier, il est ainsi possible de faire l'ellipse du nom là où l'anglais le représente par **one**:

Sa nouvelle voiture lui coûte plus cher que l'ancienne.
His new car costs him more than the old one.

35 Avec des verbes tels que **dire**, **expliquer**, **savoir**, **montrer**, etc., il faut représenter la chose dont il est question:

Vous **le** saviez?
Did you know?

Elle ne m'**en** a jamais rien dit. Elle ne m'**en** a jamais parlé.
She never told me.

Comme on **le** verra tout à l'heure . . .
As will be shown later . . .
(Notez la double ellipse en anglais.)

Comme je **l'**ai fait remarquer la dernière fois . . .
As I pointed out last time . . .

Vous ne comprenez pas? Je vais **vous** expliquer.
You don't understand? I'll explain.

Dans l'exemple qui précède, on remarque que le français fait l'ellipse de la chose expliquée mais représente la personne à qui on explique. L'anglais omet le complément de la chose et celui de la personne. Si la représentation est caractéristique du français dans ce genre de phrase, certains mots y échappent en totalité ou en partie. Dans la même catégorie que **réfléchir** et **partir**, déjà vus, on peut ranger **prévenir** et **répéter**.

Comparez:

Prévenez-**le** (ellipse de la chose notifiée).

Dites-**le**-**lui** (double représentation).

Je vais **vous** expliquer (une représentation et une ellipse).

Je vais répéter (deux ellipses, celles de la personne et de la chose).

Peut-il venir demain ? Oui, il **le** peut.
Can he come tomorrow ? Yes, he can.

Avez-vous fermé la porte ? Oui, je **l'ai fermée.**
Did you close the door ? Yes, I did.

Je lui ai demandé de tout vérifier, et il a dit qu'il **le ferait.**
I asked him to check everything, and he said he would.

On remarquera que dans les deux derniers exemples, l'anglais fait l'ellipse d'un verbe et de son complément. Le français répète le verbe ou le représente avec **faire**, et représente le complément.

36 Pour éviter la répétition d'adjectifs employés comme attributs ou de compléments, le français les représente alors que l'anglais les sous-entend, en particulier après les verbes auxiliaires ***to be***, ***to have***, ***to do***, ***can***, ***will***, etc.

Il était prêt, mais je ne **l'**étais pas.
He was ready but I was not.

Vous avez de l'argent, mais moi je **n'en** ai pas.
You have money but I have not.

Il ne va jamais à pied à l'école quand il peut **y** aller en voiture.
He never walks to school when he can ride.

37 Le même contraste entre les deux langues apparaît également dans les comparaisons:

Je ne prendrai que **ce dont** j'ai besoin.
I won't take more than I need.

Cela a duré plus longtemps qu'on ne s'**y** attendait.
It lasted longer than we expected.
(Il est cependant possible de faire l'ellipse après **croire** ou **penser**: qu'on ne (le) croyait, qu'on ne (le) pensait.)

Vous avez attendu plus longtemps que **ce** n'était nécessaire.
You waited longer than was necessary.

38 L'inversion du verbe et du complément exige la reprise du complément après le verbe sous la forme d'un représentant.

Ce livre, je ne **l'**ai pas lu.
This book I haven't read.

Qu'il buvait, tout le monde **le** savait.
That he drank we all knew.

39 Les noms de nombre donnent lieu, en anglais, à des ellipses qui ne sont pas possibles en français.

à dix heures
at ten

Il a dix ans.
He is ten.

en dix-neuf cent vingt
in nineteen twenty

Dix-huit quatre-vingt-quinze peut être un numéro de téléphone ou un prix, mais jamais un millésime.

Le français sous-entend les minutes, mais non les heures:

à dix heures dix
at ten past ten

Un certain nombre de mots sont sous-entendus après **premier** et **première**.

Il habite au premier (étage).
He lives on the first floor.

Il est en première (vitesse).
He is in low.

Il est en première (classe).
He is in first class.

Un soir de première (représentation)
A first night

EXERCICES

A. Dans les phrases suivantes, remplacez les représentants en italique par les mots qu'ils représentent et refaites la proposition ou la partie de la phrase qui est affectée.

Exemple: On m'a prêté ce livre. Je *l'*ai lu avec intérêt.
J'ai lu *ce livre* avec intérêt.

1. Il m'a dit d'aller à la gare; j'*y* suis allé.
2. Il m'a donné d'excellents conseils; je n'*en* ai pas tenu compte.
3. Il m'a dit qu'il s'en chargerait. Je ne crois pas qu'il *le* puisse.
4. Il vous a dit qu'il ne serait pas là. Moi, il m'a dit que *si*.
5. On nous a dit de rapporter ce livre aujourd'hui, *ce que* j'ai *fait*.

B. Remplacez les mots en italique par un représentant et refaites la partie de l'énoncé qui est affectée:

1. Je lui ai demandé de me prêter son livre; il m'a prêté *son livre*. (2 solutions, la deuxième élimine le verbe **prêter**.)
2. Je ne lui avais pas demandé de changer l'huile. Il a changé *l'huile* quand même. (2 solutions, comme ci-dessus.)
3. Nous sommes allés à la plage, nous sommes revenus, puis nous sommes retournés *à la plage*.
4. J'ai entendu parler *de son projet*.
5. Il dit qu'il faut vendre. Moi, je dis qu'*il ne faut pas vendre*. (2 solutions)

C. Suivant le cas, complétez les phrases suivantes au moyen d'un représentant, ou remplacez les mots en italique par un représentant:

1. N'y pensez plus. . . . n'a pas d'importance.
2. Aidez-le. . . . a besoin de vous.
3. . . . n'est guère possible d'y aller aujourd'hui.
4. . . . est intéressant, ce monsieur.
5. . . . est intéressant, ce que vous dites là.
6. *Ce couteau-ci* coupe mieux que *ce couteau-là*.
7. Paul et Jean sont au lycée. *Jean* est surtout doué pour les sciences. *Paul* s'intéresse plutôt aux langues.
8. Durand ? Si je le connais ? Je pense bien, . . . est mon cousin.
9. Le monsieur qui est là-bas ? . . . est juge au tribunal.
10. Le monsieur qui est à la table du fond ? . . . est un des grands médecins de la ville.
11. *Cet appartement* me plaît plus que l'autre.
12. Votre façon de faire est commode, mais . . . ne prouve pas que . . . soit bien.

D. Remplacez les mots en italique par un adverbe:

1. Le chat a sauté *sur la table*.
2. Il s'est assis *sur mon chapeau*.
3. Il a poussé la poussière *sous le tapis*.
4. Je l'ai mis *dans la boîte*.
5. Il y avait un mur *autour de la propriété*.
6. Est-ce que vous voulez manger *à l'intérieur* ou *en dehors de la maison ?*

La caractérisation

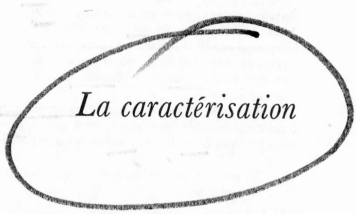

40 La CARACTÉRISATION est l'ensemble des moyens que la langue utilise pour décrire les gens, les choses et les idées d'une part, et les actions d'autre part. Les mots qui servent à caractériser modifient généralement des noms dans le premier cas et des verbes dans le second. Ces mots sont donc souvent des adjectifs et des adverbes, mais la caractérisation ne se fait pas seulement au moyen de mots simples.

CARACTÉRISATION DE CE QUI EST DÉSIGNÉ PAR UN NOM

41 Pour exprimer la qualité d'une chose ou d'une personne on se sert normalement d'adjectifs. L'adjectif présente deux particularités: outre qu'il varie en genre et en nombre, il se met tantôt avant et tantôt après le nom auquel il se rapporte.

Certains adjectifs de sens très général, surtout quand ils sont courts, se placent traditionnellement avant le nom. Ce sont généralement pour la plupart des adjectifs usuels qui indiquent la grandeur, l'âge, la qualité:

> une bonne place, une mauvaise santé, une belle voiture, une longue rue, une haute montagne, une grande maison

Cependant il y a beaucoup d'exceptions. Ainsi **laid**, qui est court et devrait se comporter comme son antonyme **beau**, ne se met jamais devant le nom: « une femme laide ». C'est plutôt l'usage que la logique qui décide, et l'oreille y est aussi pour quelque chose. Ainsi, on dira très bien « un énorme rocher » ou « un rocher énorme », mais on préférera « ours énorme » à « énorme ours », sans doute pour des raisons d'euphonie.

Les adjectifs qui permettent d'établir des distinctions avec d'autres objets se placent le plus souvent après le nom. C'est le cas des adjectifs de couleur et de forme et des adjectifs de nationalité:

> un manteau marron, un navire anglais, un témoin oculaire, du papier peint

42 Certains adjectifs peuvent se mettre avant ou après le nom, mais ils n'ont pas le même sens dans les deux cas:

un grand homme	*a great man*
un homme grand	*a tall man*
un brave homme	*a good man*
un homme brave	*a brave man*
un maigre repas	*a scanty meal*
un repas maigre	*a meatless meal*
un ancien couvent	*a former convent*
une église ancienne	*an old church*
la dernière semaine	*the last week*
la semaine dernière	*last week*
un pauvre homme	*a poor (wretched) man*
un homme pauvre	*a poor (impecunious) man*
différents objects	*various objects*
des objets différents	*different objects*

43 Les adjectifs qui se placent normalement après le nom et qui ne sont pas des adjectifs de relation (voir 45) peuvent aussi se placer avant. Ils s'emploient alors au sens figuré, ou encore ils expriment un sentiment plus marqué chez celui qui les emploie ainsi. De plus, ce genre d'anteposition se rencontre plutôt dans la langue littéraire que dans celle de tous les jours. De vertes prairies sont des prairies dont le vert est particulièrement agréable à l'œil. Comparez:

Cela lui causa une douleur inexprimable.
Cela lui causa une inexprimable douleur.

Il y est arrivé avec une facilité étonnante.
Il y est arrivé avec une étonnante facilité.

Contrairement à ce qui se passe avec les adjectifs étudiés au paragraphe 42 il n'y a pas de différence de sens entre les deux constructions, mais l'effet n'est pas tout à fait le même. L'émotivité, ou plus exactement l'affectivité de ces énoncés subsiste quand l'adjectif est placé après, mais elle est moindre. L'attitude de celui qui parle est plus proche de l'objectivité. Dans l'expression « un homme grave et hautain », **grave** et **hautain** n'ont pas la puissance d'évocation qu'ils prennent dans, par exemple, « la grave et hautaine Alsace ».

44 Quand un nom est accompagné de deux adjectifs, ils peuvent précéder le nom, l'encadrer ou le suivre. Cela dépend de la place qu'ils auraient s'ils étaient employés séparément:

un grand et bel homme
un homme grand et beau
un petit homme brun
un homme petit et brun

Cependant il est à noter que le premier et le troisième de ces quatre exemples ont une valeur affective que le deuxième et le quatrième n'ont pas.

Il n'est guère possible en français d'aligner, comme en anglais, trois adjectifs avant un nom:

a big, fat, red-faced man
un homme gros et gras, au visage rougeaud

45 Les adjectifs n'expriment pas seulement la qualité propre à un objet ou à une personne, ils expriment aussi une relation. On distingue ainsi les adjectifs de qualité et les adjectifs de relation.

de l'eau fraîche (qualité)
de l'eau minérale (relation)
un homme énergique (qualité)
des ressources énergétiques (relation)
une carte détaillée (qualité)
une carte routière (relation)

Les adjectifs de relation diffèrent des adjectifs de qualité non seulement par le sens, mais aussi par la syntaxe: ils ne peuvent pas se mettre avant le nom, ils ne prennent pas les degrés de comparaison, ils ne peuvent pas être attributs, c'est-à-dire être employés après le verbe être. Il est donc impossible de dire « routière carte », « une ressource plus, ou très énergétique », « cette ressource est énergétique ». Une carte peut être plus détaillée qu'une autre, elle ne peut pas être plus routière qu'une autre.

Dans le domaine de la qualité, la correspondance s'établit directement entre les adjectifs que le dictionnaire bilingue donne comme équivalents:

angular anguleux (et non angulaire) — *musical* musical

masterly magistral — *monastic* monacal (et non monastique)

Mais la répartition entre la qualité et la relation dans l'une et l'autre langue n'est pas symétrique, comme le montre le tableau ci-après:

QUALITÉ	RELATION
a musical voice	*a musical instrument*
une voix musicale	un instrument de musique
(La voix est plus ou moins musicale.)	

a doctoral tone	*a doctoral dissertation*
un ton doctoral	une thèse de doctorat
a monastic room	*a monastic order*
une chambre monacale	un ordre monastique
(C'est l'aspect qui est monacal.)	
a glacial calm	*glacial erosion*
une froideur glaciale	érosion glaciaire
a masterly course	*a lecture course*
un cours magistral	un cours magistral (not a seminar)

On voit que le français tend à employer des adjectifs différents pour la qualité et la relation, ou a recours à une locution adjectivale pour rendre la relation. Les structures qui expriment la relation en anglais et en français forment trois catégories d'équivalence.

	ANGLAIS	FRANÇAIS
A.	substantif antéposé	adjectif
	eye witness	témoin oculaire
	wall map	carte murale
B.	adjectif	locution adjectivale
	local people	les gens de l'endroit
	a medical student	un étudiant en médecine
C.	adjectif	adjectif
	dental school	école dentaire
	mental hospital	hôpital psychiatrique

A noter qu'on dit **usine de produits chimiques** et non « usine chimique » (*chemical plant*) et que, dans le domaine de l'électricité, l'ingénieur et le courant n'ont pas le même adjectif: **ingénieur électricien** (*electrical engineer*) et **courant électrique**.

46 L'anglais forme facilement des adjectifs composés qui ne peuvent se rendre en français que par des tournures syntaxiques:

un enfant aux yeux bleus
un homme aux cheveux châtains
un chapeau à larges bords

un vieillard à l'air fatigué
une robe bleu marine
un enclos de forme carrée
des yeux en amande
un séjour de deux ans

On remarquera que l'information contenue dans un adjectif composé anglais se rend le plus souvent par une tournure introduite par **à** ou **de** suivi d'un nom et d'un déterminant.

Pour décrire une personne (couleur des cheveux, des yeux, forme du visage, etc.), on emploie généralement le tour:

avoir + article défini + nom + adjectif

D'un homme aux cheveux châtains, on dira: Il **a les** cheveux châtains.

Elle a les yeux bleus.
Il a le nez long.
Tout le monde a les yeux bleus dans la famille, sauf lui: il a les yeux bruns.
Elle a le nez pointu.

On voit le rapport avec les expressions du paragraphe précédent: un enfant qui a les yeux bleus est un enfant aux yeux bleus.

CARACTÉRISATION DE CE QUI EST DÉSIGNÉ PAR UN VERBE

47 L'action s'exprime généralement par un verbe et les verbes sont modifiés par des adverbes. La place de l'adverbe est ordinairement entre l'auxiliaire et le participe passé ou entre le verbe et son complément. Contrairement à l'usage anglais, il ne se met pas normalement entre le sujet et le verbe:

Il a toujours fait cela.
Il fait toujours cela.
Il parle bien anglais.

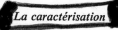

Il peut aussi se mettre en position finale, ce qui lui donne plus d'importance:

> Il s'acquitte consciencieusement de sa tâche.
> Il s'acquitte de sa tâche consciencieusement.

48 Les adverbes, en tant que mots simples, ne se correspondent pas d'une langue à l'autre. L'anglais n'a pas de mot simple pour rendre **difficilement**. Le français n'en a pas pour traduire ***possibly***, et alors qu'il a le choix entre **impunément** et **avec impunité**, l'anglais ne dispose que de ***with impunity***. D'une façon générale, l'anglais forme plus facilement des adverbes que le français; il peut par exemple transformer en adverbes non seulement les adjectifs, mais aussi les participes présents et les participes passés. Il en résulte que beaucoup d'adverbes anglais se rendent en français par des locutions adverbiales:

admiringly	avec admiration
pleadingly	d'un ton suppliant
amusedly	avec amusement
contentedly	d'un air satisfait
urgently	de toute urgence
resignedly	avec résignation
admittedly	de son propre aveu
	il faut le reconnaître

Cette dernière expression se met généralement entre virgules à un endroit variable de la phrase.

49 Certains adjectifs s'emploient comme adverbes avec certains verbes. Ils n'ont pas tout à fait le même sens que les adverbes qui sont leurs dérivés. Les verbes auxquels ils s'accolent ainsi n'ont pas, dans ce cas, de complément direct.

coûter cher, voir clair, frapper fort, chanter juste, écrire serré, travailler ferme

Comparez:

Je vois **clair**	et	Je vois **clairement** ce qu'il faut faire.
Il a frappé **fort**	et	Il l'a **fortement** impressionné.
Cela coûte **cher**	et	Il a défendu **chèrement** sa vie.

LA CARACTÉRISATION ET SES DEGRÉS

50 Le français emploie le superlatif aussi bien pour deux que pour plusieurs choses comparées:

le plus grand des deux
le plus grand des trois

Le positif est préféré au comparatif lorsque la comparaison n'est qu'implicite:

le haut Rhin	*the upper Rhine*
la basse ville	*the lower town*
les grandes universités	*the major universities*
dans tous les bons magasins	*at better stores everywhere*

51 Le comparatif peut être renforcé par **bien, même,** ou **encore.**

Il est **bien plus** instruit que son frère
*He is **far better** educated than his brother.*

C'est **même mieux** de cette façon.
*It's **even better** this way.*

Il a fait très froid hier. Il fait **encore plus** froid aujourd'hui.
It was very cold yesterday. It's ***even colder*** *today.*

Il y a une nuance entre **bien plus** et **encore** (ou **même**) **plus**. Si la qualité est déjà très marquée dans l'un des termes de la comparaison, on emploie **encore plus** ou **même plus**. Si elle n'est pas très marquée, on dit **bien plus.**

52 Pour marquer le rapport de cause à effet entre deux comparatifs, on n'emploie pas l'article devant l'adverbe (**plus**, **moins**, **mieux**) qui marque le degré de comparaison. De plus quand cet adverbe modifie un adjectif, il en est généralement séparé par le sujet et par le verbe:

Plus il est mécontent et **moins** il le montre.
The more dissatisfied he is, ***the less*** *he shows it.*

Moins vous attendrez et **mieux** cela vaudra.
The sooner *you do it*, ***the better***.

Pour dire que le degré d'une qualité doit être considéré par rapport à une circonstance, on emploie le tour **d'autant plus que**:

C'est **d'autant plus** remarquable **qu**'il est parti de zéro.
It is ***all the more*** *remarkable* ***as*** *he started from scratch.*

Le comparatif progressif est marqué par l'emploi de l'expression **de plus en plus**.

La situation devient **de plus en plus** critique.
The situation is becoming ***more and more*** *critical.*

Il existe aussi une tournure qui utilise le verbe **aller** et le gérondif du verbe se rapportant à la qualité qu'on veut exprimer.

Les choses **vont en s'améliorant.**
Things are getting ***better and better***.

53 A **so** (ou à **so much**) marquant l'intensité correspondent, en français, les mots **si, tant, tellement**, dont la répartition se fait comme suit:

— avec les adjectifs: **si, tellement**
Il est si fatigué.
Il est tellement dévoué.

— avec les adverbes: **si**, et parfois **tellement**
Il a si bien travaillé . . .
Il a si énergiquement refusé . . .

— avec les verbes: **tellement, tant**
Il allait tellement vite . . .
Il a tant insisté . . .

On voit que **tellement** s'emploie avec les trois catégories de mots et que **tant** ne convient qu'aux verbes. **Si** est l'intensif le plus naturel devant les adjectifs et les adverbes.

Notez la tournure: **si . . . que cela**.

Il n'est pas si égoïste que cela.
He is not that selfish.

EXERCICES

A. Formez, avec les noms et les adjectifs suivants, des expressions précédées d'un article de votre choix.

Exemple: grand, salle: une grande salle

Là où l'adjectif peut se placer avant ou après le nom, donnez les deux expressions possibles.

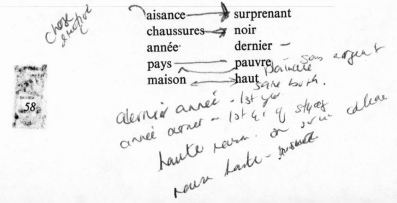

aisance	surprenant
chaussures	noir
année	dernier
pays	pauvre
maison	haut

montagne élevé
meuble ancien
vocabulaire juridique
simplicité lumineux
pain dur
métier dur

B. Traduisez:

1. a medical student; an optical instrument; a chemical engineer; India ink; a Persian carpet; a silver spoon.
2. He wore a light brown, broad-brimmed hat.
3. They were shown into a large, well-lighted room.
4. She was dark-haired and blue-eyed.
5. He wore rubber-soled shoes.
6. She received a black-bordered envelope.
7. A typewritten letter; a sickly looking child.
8. The busier he is, the happier he seems to be.
9. The longer you wait, the harder it will be.
10. The hotter it is, the more relaxed they look.
11. The river keeps widening until you can hardly see the opposite shore.
12. He was all the more willing to cooperate as he knew it was to his advantage.
13. He did it inadvertently.
14. She looked at him reproachfully.
15. He was ushered out unceremoniously.
16. He worked at it unremittingly.

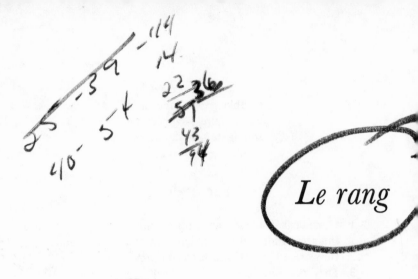

Le rang

54 Pour indiquer le rang, on se sert des adjectifs ordinaux: **le premier, le second, le troisième**, etc.

Dans certains cas, l'usage préfère le cardinal (**un**, **deux**, **trois**, etc.) à l'ordinal. Ainsi on écrit « Chapitre II », « page 300 », « Paul VI », et on prononce « Chapitre deux », « page trois cent » (sans s), « Paul six ».

Le cas de **un** est à part. On emploie toujours l'ordinal pour les souverains: « François Ier », et l'on prononce « François premier ». On a le choix entre « Chapitre I » (prononcez « un ») et « Chapitre premier ». On dit toujours « page un ».

55 On prononce « le treizième arrondissement » et « la quatrième partie », que l'on écrit généralement « le 13e arrondissement » et « la 4e partie ». Mais on n'emploie plus l'ordinal dans les dates, sauf pour le premier jour du mois. Comparez « le 1er mai » et « le 2 mai », qui se prononcent respectivement « le premier mai » et « le deux mai ».

Pour la façon d'écrire les dates, voir 114.

56 Le mot **premier** au masculin et au féminin peut s'employer elliptiquement (voir 39) pour désigner un certain nombre d'entités (gens ou choses):

Il occupe l'appartement du premier (étage).
Il voyage en première (classe).
Un soir de première (représentation).
Quand on démarre on est en première (vitesse).

Le premier et **le second** peuvent se rapporter à des choses ou à des personnes qui viennent d'être nommées. Dans ce genre de contexte, **ce dernier** peut renvoyer au dernier terme d'une énumération; il peut être remplacé par **celui-ci** (voir 31).

Les adjectifs cardinaux peuvent aussi s'employer comme des représentants. Le 24 peut vouloir dire le 24e jour du mois considéré, le coureur numéro 24, le client de la chambre n° 24, l'autobus de la ligne 24.

EXERCICES

A. Traduisez les expressions suivantes en ajoutant chaque fois, entre parenthèses, l'indication en toutes lettres du numéro d'ordre.

Exemple: Chapter I   Chapitre I (Chapitre un)

1. Page 273
2. Edward VII
3. Alexander I
4. John XXIII
5. Monday, November 14, 1966

B. Traduisez:

1. He will arrive on the twenty-second.
2. He went up the hill in low.
3. He was traveling second class.
4. He seldom misses a first night.
5. He has a room on the second floor.
6. Paul and John are brothers, but they don't look alike. The former is tall and dark, while the latter is of medium height and fair.

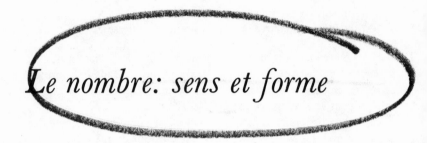

Le nombre: sens et forme

57 A première vue, il n'y a pas grande différence entre l'anglais et le français en ce qui concerne l'emploi du singulier et du pluriel. Il arrive cependant que ce qui est un singulier dans une langue est un pluriel dans l'autre et vice versa.

58 D'une façon beaucoup plus uniforme qu'en anglais les noms d'animaux prennent la marque du pluriel en français quand le sens l'exige:

They shot three elk.
Ils tuèrent trois élans.

There were partridges and quail.
Il y avait des perdrix et des cailles.

59 Certains mots anglais ne s'emploient qu'au singulier, mais ont un sens pluriel. Ce sont des collectifs. Le français les rend généralement par un pluriel:

canned food	des conserves
applause	des applaudissements
homework	les devoirs et les leçons

60 Il y a aussi en anglais des collectifs qui disposent d'un singulier périphrastique, dont la forme la plus fréquente est ***a piece of***.... Cette forme n'existe guère en français qu'avec: une pièce de monnaie (*a coin*), une pièce d'artillerie (*a gun*), un grain de raisin (*a grape*), un grain de poussière (*a particle of dust*). La façon normale de sortir une unité de l'ensemble est l'emploi du singulier ordinaire:

news	des nouvelles
a piece of news	une nouvelle
armor	des armures
a suit of armor	une armure
toast	des toasts
a piece of toast	un toast

Normalement, le singulier ne sert qu'à marquer l'unité, et c'est le pluriel qui marque un groupe ou un ensemble d'unités.

61 Certains pluriels réguliers anglais sont doublés par des expressions ou mots collectifs qui, dans la plupart des cas, ne peuvent être rendus en français que par un pluriel:

offices, office space	des bureaux
novels, fiction	des romans

Les mots en ***-ing*** peuvent avoir un sens collectif qui s'exprime également en français par un pluriel.

riots, rioting	des émeutes

62 L'anglais voit dans certains objets la juxtaposition de leurs parties et les désigne alors par une forme plurielle, alors que le français se contente du singulier:

to eat grapes	manger du raisin
He wore flannel trousers.	Il portait un pantalon de flanelle.
the dishes	la vaisselle
the grounds (of a mansion)	le parc (d'une propriété)

63 Il arrive que les éléments d'une énumération se présentent en anglais sous l'aspect collectif ou générique. En pareil cas, le français emploie généralement le pluriel:

> Une île battue par les vents, faite de tourbières, de montagnes, de pâturages, et de rochers . . .
> *A windswept island of bog, mountain, pasture and rock . . .*

64 Il est à remarquer que les adjectifs français employés substantivement peuvent se mettre aussi facilement au pluriel qu'au singulier et être précédés des articles définis ou indéfinis ainsi que des adjectifs numéraux cardinaux ou indéfinis. Comparez:

les pauvres	*the poor*
un pauvre	*a poor man*
des malades	*sick people*
trois Français	*three Frenchmen*
plusieurs blessés	*several injured persons*

65 Lorsque les choses et les gens sont répartis à raison d'une par personne, on emploie généralement le pluriel en anglais pour marquer l'ensemble, le total des unités. Pour décrire la même situation, le français préfère employer le singulier, parce qu'il considère chaque élément (chose ou personne) de l'ensemble séparément:

> Le professeur dit à ses élèves: Levez la main avant de répondre.
> *The teacher says to his students: Put up your hands.*
> (Notez aussi l'emploi de l'article au lieu du possessif — voir 7 et 97.)
>
> Les généraux arrivèrent à la réunion accompagnés de leur chef d'Etat-Major (chacun n'en ayant qu'un).
> *The generals came to the meeting with their chiefs of staff.*

EXERCICES

A. 1. Faites deux phrases où figure l'équivalent de ***stained glass*** en français, au singulier dans l'une et au pluriel dans l'autre.

2. Dans ***flying glass*** l'anglais met l'accent sur le mouvement (***flying***). L'expression française correspondante ne parle pas de mouvement, mais souligne que le verre n'est plus d'un seul tenant. Essayez de trouver cette expression et faites une phrase qui en illustre l'emploi.

3. On peut mettre sur une table ***bread and butter*** de deux façons différentes. Pour désigner chacune des formes que peut prendre ***bread and butter***, le français a une expression distincte. Donnez les deux traductions possibles de l'expression anglaise.

4. Avec l'expression ***organized labor*** l'anglais marque que le monde du travail est organisé. Au lieu de voir la masse des travailleurs, le français considère plutôt les organismes entre lesquels cette masse se répartit. Trouvez l'équivalent français de ***organized labor***.

B. Traduisez:

1. The advice he gave me was most useful.
2. He bought some new furniture.
3. A desk is a piece of furniture.
4. The grounds around the house are well kept.
5. I need more shelf space.
6. He showed me the contents of the box.
7. The content of the telegram was not new to me.
8. There was severe fighting outside the village.
9. The government will take action to avert the strike.
10. The shading on the map shows the flooded area.
11. There was loud applause.
12. I want some information on hotel rates.
13. Many people sold their houses.
14. The birds are building their nests.

La quantité

66 La quantité s'exprime soit au moyen des mots qui servent à compter, c'est-à-dire des adjectifs numéraux cardinaux, soit au moyen d'adjectifs et de pronoms indéfinis ou d'adverbes. Dans le premier cas, elle peut être très précise, dans le second elle est indiquée subjectivement, ce qui est beaucoup pour certains pouvant être insuffisant pour d'autres.

QUANTITÉ NUMÉRIQUE

67 L'emploi des adjectifs numéraux donne lieu à un certain nombre de remarques.

Entre **mille** et **deux mille**, le français, comme l'anglais, peut former des noms de nombre sans avoir recours à **mille**. Comparez:

quinze cents *fifteen hundred*
mille cinq cents *a thousand five hundred*

Mais il ne peut pas compter par centaines au-delà de dix-neuf:

deux mille cinq cents dollars
twenty-five hundred dollars

68 Ni **cent** ni **mille** ne peuvent être précédés de **un** ou d'un adjectif indéfini tel que **plusieurs** ou **quelques**, et suivis d'un nom. On dit:

deux cents personnes
plusieurs centaines de personnes

trois mille hommes
quelques milliers d'hommes

Million et **milliard**, étant des noms, peuvent s'employer aussi bien avec un adjectif indéfini (ou l'article partitif) qu'avec un adjectif numéral. Ils sont, dans les deux cas, suivis de **de**.

Cinq millions d'habitants.
Plusieurs millions de francs.
Cinq milliards de francs.
Cela a coûté des milliards.

69 Les adjectifs numéraux peuvent s'employer pronominalement c'est-à-dire sans le nom auquel ils se rapportent. Généralement le nom a déjà été employé; on le rappelle alors au moyen de **en** (voir 34):

Donnez-moi cinq enveloppes.
Donnez-m'en cinq.

Mais il arrive que certains noms d'unités soient sous-entendus « Un timbre à dix » peut vouloir dire, suivant le contexte, un timbre à dix centimes ou un timbre à dix francs. « Un billet de cent » signifie, suivant le pays, un billet de cent francs ou de cent dollars.

On remarquera qu'il n'est pas possible d'omettre **timbre** ou **billet** comme on le fait en anglais:

Donnez-moi trois timbres à quinze.
Give me three fifteens.

Je vous ai rendu deux billets de cinq (dollars).
I gave you back two fives.

On ne peut donc pas employer les adjectifs numéraux comme des substantifs, lorsqu'ils expriment la quantité.

Exceptionnellement les mots **cent et mille** peuvent remplacer **centaine** et **millier** pour désigner un lot d'objets:

acheter un cent de clous
to buy a hundred nails

Ces fiches coûtent un dollar le mille.
These cards cost a dollar per thousand.

70 Il n'est pas possible de traiter la combinaison adjectif numéral + nom comme un singulier:

Il perdit encore vingt dollars le lendemain.
He lost another twenty dollars the next day.

Deux cents dollars, c'est une somme.
Two hundred dollars is quite a sum.

Dans ce dernier exemple, le français met le verbe au singulier, mais en le faisant précéder d'un sujet de reprise (**ce, c'**) qui est au singulier.

71 Pour marquer que le nombre exprime la totalité, on met **tout** devant le numéral, mais pas quand celui-ci est suivi d'un nom. Comparez:

Ils sont venus tous les deux.
They both came.

Ils sont venus tous les trois.
All three of them came.

Nous les avons invités tous les cinq.
We invited all five of them.

Les deux frères ont été reçus.
Both brothers passed the exam.

On a fait recommander les cinq paquets.
All five packages were registered.

Dans ces deux derniers exemples, l'idée de totalité est exprimée en anglais. Elle est implicite en français. La séquence **tous les + adjectif numéral + nom** existe, mais elle ne s'applique qu'à la périodicité:

toutes les trois semaines
every three weeks

72 Pour marquer qu'une quantité numérique n'est qu'approximative, on en fait précéder l'indication de **environ, dans les** (plus familier), ou on l'exprime au moyen des dérivés en **-aine** de certains adjectifs numéraux.

Il a environ quarante ans.
He is about thirty.

Cela coûte dans les cent francs.
It costs about a hundred francs.

Il y a une trentaine d'années de cela.
It's about thirty years ago.

Les dérivés en **-aine** de **huit, douze** et **quinze** peuvent avoir le sens approximatif ou le sens exact. Comparez:

Cela sera prêt dans une huitaine de jours.
Il y avait une douzaine de personnes dans la salle.
Il a passé là une quinzaine de jours.
(nombres approximatifs)

L'audience a été remise à huitaine.
Les œufs s'achètent à la douzaine.

Dans la première quinzaine de septembre.
Il est payé chaque quinzaine.
(nombres exacts)

Millier, centaine et dizaine sont approximatifs. Cependant ils ont un sens précis dans:

Le chiffre des centaines précède celui des dizaines.
Un millier de feuilles (c'est-à-dire mille feuilles considérées comme unité de compte).

73 Un chiffre peut être:

loin d'être atteint (par exemple: *well under a hundred*)
presque atteint (*just under a hundred*)
légèrement dépassé (*just over a hundred*)
largement dépassé (*well over a hundred*)

A ces quatre échelons correspondent les tours:

Cela coûtait beaucoup moins de cent dollars.
It cost well under a hundred dollars.

Il lui restait un peu moins de vingt dollars.
He had just under twenty dollars left.

Il a près de deux mille volumes dans sa bibliothèque.
He has close to two thousand volumes in his library.

Cela coûte beaucoup plus de cent dollars
It costs well over a hundred dollars.

Pour l'emploi de **que** au lieu de **de** après **plus**, voir 76.
Si l'on veut souligner que la quantité ne dépasse pas tel chiffre, on place le verbe entre **ne et que**:

Il ne gagne que dix mille dollars.

74 Les fractions s'expriment, comme en anglais, en combinant le cardinal (nombre des parties) avec l'ordinal (partie résultant du fractionnement):

les deux cinquièmes
two-fifths

Au-dessous de **cinq**, l'unité de fractionnement est désignée par **moitié** ou **demi**, **tiers** et **quart**:

La moitié des élèves n'avaient pas de livres.
Half the students had no books.

J'en prendrai une demi-livre.
I'll take half a pound.

Le travail est aux trois quarts achevé.
The work is three-quarters over.

Le pourcentage s'exprime au moyen de l'expression **pour cent**:

Il a reçu une augmentation de dix pour cent.
He got a ten percent raise.

Quand on cote, le rapport entre la note attribuée et le maximum est rendu par **sur**:

Il a obtenu 80 sur 100.
He received 80 out of 100.

Sur coordonne aussi les dimensions d'une surface:

des fiches de 75 sur 125 mm
three-by-five index cards

75 La multiplication s'exprime au moyen de **fois**: **deux fois**, **trois fois**, etc., et le français emploie le comparatif de supériorité au lieu du comparatif d'égalité:

Il en a reçu deux fois plus qu'il n'en avait demandé.
He received twice as many as he asked for.

Le français n'emploie pas la même construction pour rendre la multiplication par 0,5 et la multiplication par 1,5. Comparez:

Il n'en a reçu que la moitié (de ce qu'il avait demandé).
He received only half as much.

Cela coûtera une fois et demie plus cher.
It will cost half as much again.

La multiplication peut aussi être rendue par des dérivés: **double, triple, quadruple, quintuple, sextuple, décuple, centuple.**

Ces mots s'emploient surtout comme substantifs:

Il touche le double.
He gets twice as much.

Ils ont chacun un verbe dérivé: **doubler, tripler, quadrupler, quintupler, sextupler, décupler, centupler**:

Le prix de certains fruits triple entre le marché local et Paris.
The price of some fruits goes up three times between the local market and Paris.

Les multiplicatifs du type **triple, tripler** servent souvent à l'expression du sentiment. Ce sont des mots d'intensité:

Le sentiment du danger décupla ses forces.
The awareness of danger gave him ten times more strength.

Il vous le rendra au centuple.
He will give it back to you a hundredfold.

76 On a vu que le français préfère le comparatif de supériorité après un multiplicatif.

Il gagne deux fois plus que vous.
He makes twice as much as you do.

Pour marquer l'excédent de quantité, le comparatif de supériorité s'emploie avec **de**.

> Il y avait plus de cinquante personnes.
> *There were more than fifty people.*

Cependant quand il s'établit dans l'esprit une comparaison et non simplement l'idée d'un dépassement, **plus que** remplace **plus de**.

> Je lui ai écrit plus que deux fois (et non pas seulement deux fois comme vous le prétendez).

> Napoléon a été renié plus que trois fois (c'est-à-dire plus que le Christ ne l'a été par saint Pierre.)

Le complément du comparatif est naturellement introduit par **que** quand le terme de comparaison est une autre personne ou autre chose et non pas une quantité. Comparez:

> Il reçoit plus de courrier que nous.
> *He receives more mail than we do.*

> Il reçoit plus de vingt-cinq lettres par jour.
> *He receives more than twenty-five letters a day.*

On remarquera que dans le second exemple, mais non dans le premier, ***more than*** peut être remplacé par ***over*** (équivalent de **plus de**).

Avec **à demi** et **aux trois quarts**, le complément du comparatif est introduit par **que**:

> C'est plus qu'à moitié fait.
> *It's more than half completed.*

Et quand la quantité est representée par **cela**, on dit « plus que cela ».

77 Il arrive qu'on veuille marquer que la quantité existe sans qu'il soit nécessaire de la préciser. On se sert alors de **tant, un certain nombre de**:

> Il dépense tant pour le loyer, tant pour la nourriture.
> *He spends so much for rent and so much for food.*
>
> On descend un certain nombre de marches.
> *You go down so many steps.*

78 Les nombres de certaines expressions idiomatiques ne doivent pas être pris littéralement:

> C'est à deux pas d'ici.
> *It's quite near.*
>
> J'ai deux mots à vous dire.
> *I'd like to have a word with you.*
>
> Il y en a pour deux minutes.
> *It will take only a minute.*

QUANTITÉ INDÉFINIE

79 Des adjectifs et des pronoms indéfinis, ainsi que des adverbes, servent à exprimer la quantité quand il n'est pas possible ou désirable de la mesurer numériquement. Sauf avec **quelques** et **un peu**, le français ne distingue pas entre ce qui se compte et ce qui ne se compte pas.

80 Quand la quantité est faible on la rend par **peu (de)**:

> Il y avait peu de monde.
> *There were few people.*

Il mange très peu.
He eats very little.

Si la quantité est limitée mais jugée suffisante, on se sert de **quelques** et de **un peu** (**de**):

Il a quelques livres français.
He has a few French books.

un peu de fromage
a little cheese, some cheese

81 **Assez** (**de**) indique que la quantité est suffisante et **trop** (**de**) qu'elle est excessive:

Il a assez d'argent.
He has enough money.

Il entreprend trop de choses.
He undertakes too many things.

Trop peut être renforcé par **bien** ou **beaucoup**:

Il a fait bien trop de fautes pour avoir la moyenne.
He's made far too many mistakes to pass.

82 Pour marquer l'abondance, on se sert de l'adverbe **beaucoup**:

Il achète beaucoup de livres.
Il gagne beaucoup d'argent.

Avec **fois** on préfère **bien des** à **beaucoup**:

Nous en avons parlé bien des fois.
We discussed it many times.

Là où l'on a le choix entre **beaucoup** et **bien des**, on réserve **bien des** pour les cas où la sensibilité de la personne qui parle cherche à s'exprimer. En d'autres termes **bien des** est plus subjectif que **beaucoup**:

Cela m'a attiré bien des ennuis.
It caused me a lot of trouble.

Vous avez bien de la chance!
Are you lucky! Aren't you lucky!

Pas mal, un tas de sont des variantes familières de **beaucoup**.

Il a appris pas mal de choses.
He picked up quite a few things.

J'ai un tas de choses à vous dire.
I have a lot to tell you.

83 **La plupart** s'emploie pour désigner une forte majorité des choses ou des êtres considérés. Cette expression peut s'employer seule:

La plupart sont restés.
Most of them stayed.

Elle peut être suivie de **des** et d'un nom au pluriel ou de **d'entre** et d'un pronom au pluriel:

La plupart des élèves étudient le français.
La plupart d'entre eux sont allés en France.

Seul le mot **temps** s'emploie au singulier après **la plupart**:

La plupart du temps il lit ou il écrit.

Lorsque la quantité embrasse la totalité, on se sert de l'adjectif **tout** ou du substantif **totalité**:

Tous les étudiants ont été reçus.
All the students got through.

Toute la ville fut détruite.
The whole town was wiped out.

Il perdit la totalité de sa fortune.
He lost all his money.

84 Quand la quantité est indéterminée, on la rend par l'article partitif **du**, **de la**, **des**:

Il vend du jambon et des saucisses.
He sells ham and sausages.

Devant un adjectif **des** est remplacé par **de** dans le style soigné:

Il a fait de grands progrès.
He's made good progress.

Cependant, si l'adjectif forme avec le nom une sorte de composé, on emploie **des**:

J'ai commandé des petits pois.
I have ordered peas.

Si la phrase est négative, **du**, **de la**, **des** font place à **pas de**:

Nous n'avons pas de papier.
Nous n'avons pas de livres.

Cependant **du**, **de la**, **des** peuvent s'employer avec la négation lorsque celle-ci nie la nature et non la quantité:

Il ne boit pas du vin mais de la bière.
He does not drink wine but beer.

85 Quand la quantité est nulle, elle est donc rendue par **pas de** et aussi par **rien, personne, aucun, nul, pas un, pas un seul. Rien,** adverbe, s'emploie des choses; **aucun**, adjectif ou pronom, peut s'employer des choses et des personnes:

Il n'a rien fait.
He's done nothing.

Il n'y a aucune autre issue.
There's no other exit.

Je n'en ai aucun.
I have none.

Il n'a aucun ami.
He has no friends.

Il n'a pas un seul ami.
He doesn't have a single friend.

Quand la quantité a existé, mais n'existe plus, on emploie **ne . . . plus**:

Il n'a plus d'argent.
He has no more money.

Il ne m'en reste plus.
I don't have any left.

86 L'absence des personnes peut s'exprimer de plusieurs façons:

Personne n'est venu.
Nul n'est venu.
Pas un n'est venu.
Aucun n'est venu.

Ces phrases diffèrent de plusieurs façons:

a. **personne** ne peut être que pronom, tandis que **nul, pas un, aucun** peuvent être pronoms ou adjectifs;

b. **nul** est littéraire; **personne** est usuel;

c. **personne** et **nul** ne renvoient pas nécessairement à des personnes ou à un groupe déjà mentionneés:

Personne ne passe dans cette rue.
Nul ne s'en souviendra.

d. **pas un** et **aucun** renvoient à un groupe dont il a déjà été question: on peut sous-entendre **d'entre eux**; de plus, ces mots peuvent se dire aussi bien des choses que des personnes:

Pas un n'est en bon état.
Not one is in good condition.

87 Quand la quantité est réduite à une seule unité, on a le choix entre **un**(e) **seul**(e) et **ne . . . qu'un**(e).

Un seul a répondu.
Il n'y en a qu'un qui a répondu.
Il en reste un seul.
Il n'en reste qu'un.

Seul peut s'employer au pluriel avec un chiffre.
Ce sont les trois seuls qui me restent.

88 Aussi bien quand la quantité est indéfinie que lorsqu'elle est numérique, le pronom **en** figure dans l'énoncé si l'expression quantitative est pronominale, c'est-à-dire si elle ne comporte pas de substantif. Comparez:

Il nous reste trois tablettes de chocolat.
Il nous **en** reste trois.

Il mange très peu de viande.
Il **en** mange très peu.

Il n'y a eu qu'un candidat de reçu.
Only one candidate passed.

Il n'y **en** a eu qu'un de reçu.
Only one passed.

89 Les adverbes de quantité servent aussi à marquer le degré. Ces deux notions sont très proches:

> Nous avons beaucoup travaillé.
> Il a très peu lu.
> Elle parlait peu.

L'intensité se marque par **tant de** quand la quantité est élevée, et par **si peu de** quand elle est faible.

> Il a tant de livres qu'il ne sait où les mettre.
> Il a si peu de temps qu'il a décidé de renoncer à ce voyage.

EXERCICES

A. Traduisez:

1. nineteen hundred dollars
   twenty-three hundred dollars
2. two thousand people
   several thousand people
3. Could you give me two fives for a ten?
   He bought some stamps, three sixes and two tens.
4. He waited another two hours.
5. He has twice as many books as you do.

B. Refaites chaque phrase en y incorporant l'information donnée entre parenthèses.

Exemple: Ils sont tous venus. (Ils étaient trois.)
Ils sont venus tous les trois.

1. Ils ont été reçus à l'examen. (Ils étaient deux.)
2. Ils ont été reçus à l'examen. (Ils étaient frères et ils étaient trois.)
3. Nous les avons tous rencontrés. (Ils étaient cinq.)
4. Il faut mettre toutes les valises aux bagages. (Il y en a cinq.)

C. Refaites les phrases suivantes en exprimant l'idée d'approximation de deux façons différentes:

> Il a cinquante ans.
> Il gagne trente mille francs par an.

D. Refaites sept fois la phrase suivante, où la quantité est indéterminée, pour indiquer successivement qu'elle est 1) insuffisante 2) excessive 3) considérable 4) très faible 5) peu élevée sans être insuffisante 6) nulle 7) nulle, en insistant.

> Nous recevons des demandes.

E. 1. Dites en une phrase à un seul verbe et en supprimant les mots devenus inutiles:

> Avant nous en recevions. Maintenant nous n'en recevons pas.

2. Récrivez les phrases suivantes dans la langue de tous les jours:

> Nul ne pourra vous le reprocher.
> Aucun ne s'en est aperçu.

F. Traduisez:

1. He doesn't sell cars but motor scooters.
2. Only one left before the end.
3. Most of the students received good grades.
4. Most of them cheered.

Mesure et degré

90 Quand on parle des dimensions d'un object, d'un retard, d'une variation de température, etc., on se sert souvent de chiffres pour mesurer la dimension, le retard, et autres quantités variables. Cela donne lieu à des constructions différentes de celles qu'on emploie en anglais.

91 **dimensions**: Certains dimensions d'un object (la longueur, la largeur, la hauteur) peuvent s'exprimer de quatre façons différentes. On peut dire en effet:

Ce bâtiment a une longueur de trente mètres.
a trente mètres de longueur.
a trente mètres de long.
est long de trente mètres.
This building is thirty meters long.

et l'on peut procéder de même pour la largeur et la hauteur.

Dans le cas de la profondeur et de l'épaisseur, les adjectifs **profond** et **épais** ne pouvant s'employer comme nom, les constructions qui précèdent sont réduites à trois.

Le puits a une profondeur de vingt mètres.
a vingt mètres de profondeur.
est profond de vingt mètres.
The well is twenty meters deep.

Le mur a une épaisseur de vingt centimètres.
a vingt centimètres d'épaisseur.
est épais de vingt centimètres.
The wall is twenty centimeters thick.

92 **l'âge et la différence d'âge:**

Il était alors âgé de cinquante ans.
Il avait alors cinquante ans.
He was then fifty years old.

Il a deux ans de plus que moi.
He is two years older than I am.

J'ai deux ans de moins que lui.
I am two years younger than he is.

le retard et l'avance:

a. Le train a vingt minutes de retard.
The train is twenty minutes late.

b. J'étais en retard de cinq minutes.
I was five minutes late.

La tournure *a* est plus fréquente dans le cas des horaires. L'avance se mesure de la même façon:

Il avait dix minutes d'avance sur ses concurrents.
He was ten minutes ahead of his competitors.

Nous sommes en avance de cinq minutes.
Nous avons cinq minutes d'avance.
We are five minutes early.

93 La démarche du français étant de mettre le déterminant après le déterminé, il est normal que l'adjectif vienne avant le complément qui mesure la dimension, la durée ou l'écart dont il s'agit. C'est invariablement le cas des dimensions géométriques. Voir ci-dessus: Ce bâtiment est long de trente mètres.

Cependant les compléments d'âge (avec **cadet et aîné**) et les compléments d'avance ou de retard peuvent précéder l'adjectif (ou la locution qui en tient lieu). De même pour le degré d'achèvement.

Il était de deux ans son cadet.
Il était de six mois mon aîné.
Il est d'une heure en retard.

Le travail est à moitié (aux trois quarts) achevé.

94 montres et pendules:

Ma montre retarde (ou avance) de cinq minutes.

La même tournure s'emploie quand on constate le retard ou l'avance d'une montre à un moment donné et aussi quand on mesure l'avance ou le retard réalisé au cours d'une période. On dit donc de la même façon:

Ma montre avance de cinq minutes.
My watch is five minutes fast.

Ma montre avance de cinq minutes par semaine.
My watch gains five minutes a week.

95 hausse ou baisse:

Cette valeur a monté de six points hier.
a baissé de six points hier.
This security went up (went down) six points yesterday.

La température a baissé de dix degrés en une nuit pour tomber à 20 degrés.
The temperature dropped ten degrees overnight to 20 degrees.

La moyenne a baissé de cinq pour cent.
The average has gone down five percent.

Les traitements des professeurs ont été réduits de cinq pour cent pendant la crise.
Professors' salaries were cut five percent during the depression.

Son permis de séjour a été prolongé de quinze jours.
His permit was extended two weeks.

La vie augmente en moyenne de 6% par an.
The cost of living goes up about 6% a year.

EXERCICES

A. En empruntant chaque fois un élément dans chacune des trois colonnes ci-après, faites des phrases qui expriment la dimension ou le degré. Donnez pour chaque phrase les différentes constructions possibles.

Exemple: bâtiment longueur 30 mètres
Ce bâtiment a une longueur de trente mètres.

bras de mer	largeur	un kilomètre
rivière	profondeur	dix mètres
tour Eiffel	hauteur	300 mètres
quai	longueur	75 mètres
blindage	épaisseur	trois centimètres
vieillard	âge	70 ans
autobus	retard	un quart d'heure
paquebot	avance	cinq heures

B. Traduisez:

1. His watch loses thirty seconds a day.
2. The station clock is five minutes fast.
3. My watch gains about two minutes a week.

C. A l'aide des éléments suivants former des phrases marquant les variations de pris, de taux, etc:

mortalité infantile	diminuer	3%
coût de la vie	augmenter	4%
cigarettes	augmenter	trois sous
robe	raccourcir	deux centimètres
séjour	prolonger	deux jours
niveau des eaux	baisser	un mètre
	maigrir	trois kilos

L'appartenance

96 Pour marquer le rapport d'appartenance ou de possession entre une chose et une personne nous avons le choix entre plusieurs tournures:

Cette maison **lui appartient**.
Cette maison **est à lui**.
C'est sa maison.

On peut également utiliser le mot **propriétaire**, mais seulement quand il s'agit de quelque chose d'important (terre, maison, voiture, etc.):

Il est le propriétaire de cette maison.

Il est également possible de dire:

Cette maison est la sienne.

Mais ce tour avec le pronom possessif sert surtout à marquer l'identité:

A qui est ce chapeau ? C'est le mien.

L'anglais peut employer le pronom possessif ou le cas possessif pour indiquer le possesseur lorsque la chose possédée n'est pas la seule. Le français ne procède pas ainsi:

C'est un de mes amis.
He is a friend of mine.

C'est un des amis de mon père.
He is a friend of my father's.

Pour renforcer l'idée de possession, on emploie l'adjectif **propre** ou la locution **à moi, à vous, à lui**, etc.:

Il n'aurait pas mieux traité son propre fils.
He would not have been kinder to his own son.

C'est mon livre à moi.
It's my own book.

97 L'appartenance peut s'exprimer par l'article défini plutôt que par le possessif ou l'article indéfini. C'est souvent le cas lorsqu'il s'agit d'une partie du corps ou du vêtement (voir 7 et 46):

Il leva **la** main.
*He raised **his** hand.*

Le chapeau rabattu sur **les** yeux . . .
***With his** hat drawn over **his** eyes . . .*

Il a **les** yeux bleus.
***His** eyes are blue.*

Il a **le** nez long.
*He has **a** long nose.*

Parfois le pronom personnel ou le pronom réfléchi précise l'identité du possesseur:

Il **s'**essuya **les** mains avec son mouchoir.
Il **lui** serra **la** main.

Le possessif reparaît dans les contextes de ce genre, lorsqu'il s'agit d'une action qui sort de la banalité et en particulier d'une action que l'on caractérise. Comparez:

Il s'est fait mal **au** genou.
Il se frotte **le** genou.
Il mit le paquet sur **ses** genoux.
Il leva **sa** main osseuse.

Quand le possesseur est une chose non personnifiée, le français préfère généralement, surtout dans le style soigné, employer le pronom **en** plutôt que l'adjectif possessif. Comparez:

Les pages de ce cahier ont été arrachées.
On **en** a arraché les pages.

EXERCICES

A. Dites de trois façons différentes que Paul est le possesseur et que cette voiture est la chose possédée.

B. Traduisez:

1. He is a friend of Tom's.
2. He is a friend of theirs.
3. It's his own way of showing gratitude.
4. Is it yours? No, it's John's.
5. He broke his leg in two places.
6. She wiped her hands.
7. She wiped her roughened hands on her apron.
8. I must go and have my hair cut.
9. He bought a thick notebook and numbered its pages.
10. He has walked all over the city and is well acquainted with its topography.

II

Espace et Temps

L'espace et le mouvement

ORIENTATION

98 Pour indiquer l'emplacement des choses et des personnes les unes par rapport aux autres, ou pour les situer soit dans l'espace où elles se trouvent, soit par rapport à l'observateur, on se sert d'adverbes et de prépositions qui peuvent se classer comme suit:

à droite (de), à gauche (de), devant, derrière:

La cheminée est **devant** moi, la porte est **derrière** moi, la bibliothèque est **à gauche** et la fenêtre **à droite**.

Droite et **gauche** se construisent avec **à** (avec ou sans l'article) ou avec **sur** (avec l'article):

Il était assis **à la droite de** la maîtresse de maison.
Il était **à sa droite**.
Sur la droite on apercevait le clocher d'un village.

Sur la droite, sur la gauche s'emploient plutôt quand on décrit un espace assez vaste, par exemple un paysage. On peut modifier ces expressions au moyen de **plus, un peu plus, beaucoup plus, trop**:

C'est **beaucoup plus** à gauche.
*It is **much further** to the left.*

Il était **trop à gauche** pour bien voir.
*He was **too far to the left** to see well.*

99 **Devant** et **derrière** peuvent s'employer seuls ou avec un complément:

Il se mit **derrière**.
Elles étaient **derrière nous**.

En avant et **en arrière** marquent la direction ou impliquent une certaine distance:

Il fit deux pas **en avant**.
Nous nous promenions dans le bois. Les enfants marchaient **en avant**.
Ils restèrent **en arrière** pour pouvoir parler entre eux.

Dans les exemples ci-dessus, **devant** et **derrière** impliqueraient une moins grande distance entre les promeneurs. Cependant on dira:

Je passe **devant**. Vous me retrouverez à la poste.
I'll run on ***ahead****. You'll find me at the post office.*

Dans une salle de spectacle, on se met **devant**, ou **en avant**, **derrière**, **en arrière**, ou encore **sur le côté**.

Ne pas confondre **devant** et **en face de**:

Je vous retrouverai **devant** la mairie.
I'll meet you ***outside*** *the town hall.*

Je vous retrouverai **en face de** la mairie.
I'll meet you ***opposite*** *the town hall.*

100 **Côté** entre dans les expressions **à côté (de)**, **sur le côté (de)**, **de l'autre côté (de)**, **du côté droit** ou **du côté gauche**.

A côté (de) marque la proximité:

Il habite **à côté**.
Portez ces livres dans la pièce **à côté**.
Il s'est assis **à côté de** moi.

De l'autre côté s'oppose au côté dont il vient d'être question, tandis que **sur le côté** s'oppose à **au centre**:

> Mettons-nous **de l'autre côté.**
> Il reste une place **au centre** et deux **sur le côté.**

Du côté de peut indiquer la direction ou l'approximation.

> Il se dirigeait **du côté de (vers)** l'Etoile.
> Il habite **du côté (dans les environs) du** boulevard Saint-Michel.

Sur le côté s'oppose à **sur le dessus** quand il s'agit d'un objet, par exemple d'une boîte sur laquelle on colle une étiquette:

> On regarde un objet **de face** ou **de côté**, une personne **de face, de côté** (ou **de profil**), ou **de trois quarts.**

101 Pour désigner l'endroit où l'on se trouve, l'anglais marque volontiers l'opposition avec un autre endroit, ce que le français ne fait pas habituellement. « Ici en haut » est possible, mais est beaucoup moins naturel que *up here*. C'est le contexte qui indique si l'endroit désigné par **ici** est en haut, en bas, dedans, dehors, etc.

Les correspondances entre les deux langues s'établissent comme suit:

here	**ici**	***there***	**là**
in here		***in there***	**là-dedans**
out here		***out there***	**dehors**
up here		***up there***	**là-haut**
down here		***down there***	**en bas**
over here		***over there***	**là-bas**

De plus les mêmes expressions peuvent s'appliquer indifférement à l'endroit où l'on est et à celui que l'on montre. Ainsi **en bas** peut aussi bien vouloir dire ***down here*** que ***down there***. C'est le contexte qui décide:

Je suis en bas.	*I am down here.*
Il est en bas.	*He is down there.*
Il est en bas avec moi.	*He is down here with me.*

En bas peut aussi traduire ***down below***, ***downstairs***, et simplement ***down***:

Le village est **en bas** (de la montagne).
*The village is **down there**.*

Je vous attends **en bas** (au rez-de-chaussée).
*I'll wait for you **downstairs**.*

En bas dans la vallée . . .
***Down** in the valley.*

En haut correspond à (***up***) ***above***, ***upstairs***, ***up***, ***at the top***:

Il habite **en haut**.
*He lives **up above**.*

Où est son bureau ? **En haut**.
*Where's his office ? **Upstairs**.*

en haut de la page
***at the top of** the page*

Regardez **en haut**.
*Look **up**.*

Quelque chose qui flotte dans l'air à une certaine hauteur est **en l'air** (***up in the air***) ou **au-dessus de nos têtes** (***overhead***).

102 **Sur** et **sous** marquent le contact: **au-dessus** et **au-dessous** impliquent un espace entre deux objects et marquent une différence de niveau:

Les assiettes sont **sur** la table.
La lettre est **sous** le livre.

Le plafond est **au-dessus de** nos têtes.
Il habite **au-dessus**.

Sous peut aussi indiquer, sans qu'il y ait contact, la situation d'un object au-dessous d'un autre qui l'abrite ou le couvre:

Le chat est **sous** la table.

On passe **sous** un tunnel, **sur** une place, **sur** un boulevard, **sur** ou **dans** une avenue, et **dans** une rue. Pour marquer la distinction que fait l'anglais entre ***on the street*** et ***in the street*** on dit: **dans la rue** et **sur la chaussée.**

Par-dessus et **par-dessous** indiquent le repos ou le mouvement:

Le pardessus est ainsi appelé parce qu'il se porte **par-dessus** le veston.
Le gilet se porte **par-dessous** le veston.

Cela se met **par-dessus** ou **par-dessous**.
*It goes **on top** or **underneath**.*

Il y a un molleton **par-dessous**.
*There's a pad **underneath**.*

Il est passé **par-dessus** le mur.
*He climbed **over** the wall.*

Ils sont passés **par-dessous** les barbelés.
*They crawled **under** the barbed wire.*

Dans un texte, les expressions **ci-dessus** et **ci-dessous** se rapportent respectivement à ce qui précède et à ce qui suit. On peut aussi employer **plus haut** au sens de **ci-dessus** et **plus loin** au sens de **ci-dessous**:

Les raisons mentionnées **ci-dessus** . . .
*The **above**-mentioned reasons. . .*

On trouvera **ci-dessous** des renseignements supplémentaires.
*Additional information is given **below**.*

103 L'intériorité se marque par **dans** et **dedans**, et quelquefois par **à. Dehors, en dehors de** expriment l'extériorité:

Il fait plus frais **dans cette pièce**.
It is cooler ***in here***.

Ils prirent le café **au** salon.
They had coffee ***in*** *the drawing room.*

Je suis allé le voir **à** son bureau.
I went to see him ***at*** *his office.*

Elle vint le retrouver **dans** son bureau.
She joined him ***in*** *his study.*

Les enfants sont plus souvent **dehors** que **dedans**.
The children are more often ***outside*** *than* ***inside***.

On est **dans** un véhicule (voiture, train, autobus) mais **sur** un bateau. Pour marquer la situation dans un pays (et aussi le déplacement vers un pays) on emploie **en** devant un féminin et **au** devant un masculin:

Il est **en** France, il va **au** Canada.
Il va **en** France, il est **au** Canada.

Devant un nom de ville **en** et **au** sont remplacés par **à. Dans** marque qu'on est vraiment à l'intérieur de la ville:

Il continue ses études **à** Paris.
Nous sommes maintenant **dans** Paris, et non plus dans la banlieue.

En parlant des personnes, ***to be in***, ***to be out***, ***to be away*** se rendent respectivement par **être là, être sorti, être en voyage**.

104 Le passage, l'itinéraire se marque au moyen de la préposition **par**:

Nous sommes passés **par** Rouen.
*We went **by way of** Rouen.*

Il est retourné **par où** il était venu.
*He went back **the way** he had come.*

L'idée de traversée s'exprime par **à travers** aussi bien pour la surface que pour l'épaisseur, mais par **en travers de** s'il s'agit d'un mouvement qui se fait transversalement par rapport à l'observateur.

Pour indiquer qu'on traverse un espace donné d'un bord à l'autre, on emploie **sur toute la largeur de**, **d'un bout à l'autre de**, **à l'autre bout de**:

sur toute la largeur de la page	*clear across the page*
à l'autre bout du pays d'un bout à l'autre du pays	*clear across the country*

Rien en français ne correspond exactement au mot ***ahead*** tel qu'il figure sur les panneaux de la signalisation routière (ex.: *Sharp curve ahead*). On dit simplement « virage brusque ». Il est bien évident qu'on prévient l'automobiliste avant qu'il n'arrive au tournant.

Coin rentre dans l'expression **au coin de** qui sert à indiquer l'emplacement d'une maison à l'intersection de deux rues, ou encore cette intersection elle-même:

au coin de la Cinquième avenue **et de** la Soixantième rue
***at** Fifth Avenue **and** Sixtieth Street.*

La proximité par rapport au coin se rend par **juste après le coin**:

Le magasin est **juste après** le coin.
*The store is **just around** the corner.*

105 Dans la campagne — mais rarement en ville, contrairement à l'usage américain — on s'oriente au moyen des points cardinaux: **le nord**, **le sud**, **l'est** et **l'ouest**, qui entrent dans les expressions **au nord (de), au sud (de)**, etc.

Paris est **au nord de** Clermont-Ferrand.
Québec est **à l'est de** Montréal.

Un lieu est plus ou moins au nord qu'un autre:

C'est **plus** au nord.
*It's **further** north.*

Nous sommes **trop** au nord.
*We are **too far** north.*

La distinction entre **dans le nord** et **au nord de** est analogue à celle qui existe en anglais:

La Belgique est **au nord de** la France.
*Belgium is **north of** France.*

Lille est **dans le nord de** la France.
*Lille is **in the north of** France.*

106 Le complément de distance exige la préposition **à**:

Québec est **à** 268 kilomètres de Montréal.

La phrase suivante comporte trois prépositions; sa traduction en anglais n'en a qu'une:

Québec est à 268 kilomètres à l'est de Montréal.
Quebec is 268 kilometers east of Montreal.

La distance peut aussi se rendre par l'adjectif **distant de**:

Il se rendait à un village **distant d'**une vingtaine de kilomètres.
He was on his way to a village about twenty kilometers ***away.***

Les deux villages sont **distants de** vingt kilomètres.
The two villages are twenty kilometers ***apart.***

L'indication de distance, comme celle de durée (voir 124), peut être introduite au moyen de **il y a.**

Il y a 268 kilomètres de Québec à Montréal.

MOUVEMENT ET DÉPLACEMENT

107 Ces deux mots ont l'air d'être synonymes. En fait ils désignent deux réalités différentes. On peut bouger (MOUVEMENT) sans changer de lieu (DÉPLACEMENT).

Cette distinction est capitale, car si les deux langues reconnaissent ces deux notions, les moyens dont elles disposent pour les exprimer ne se partagent pas le travail de la même façon.

Pour rendre le mouvement et le déplacement il faut des verbes; il faut aussi des prépositions (suivies de noms) ou des adverbes.

En anglais, le mouvement est marqué par le verbe et le changement de lieu par une préposition (suivie d'un nom) ou par un adverbe:

He ran out of the house. *He ran out.*

En français la division du travail n'est pas la même. Le verbe et la préposition concourent à l'expression du déplacement. Le mouvement (c'est-à-dire la façon dont s'effectue le déplacement) est rendu par un adverbe ou une locution adverbiale:

Il va à son bureau à pied.
He walks to his office.

L'idée de déplacement est rendue par **aller à** (verbe + préposition); le mode de déplacement est exprimé par **à pied** (locution adverbiale).

Il faut comprendre que la préposition à elle toute seule ne peut pas indiquer le changement de lieu. A l'exception de **vers** et de **jusqu'à**, les prépositions françaises sont statiques. Si un verbe de mouvement est suivi de **à**, cela veut dire que le mouvement se fait à l'intérieur de l'endroit introduit par **à**. La phrase « Je marche au bureau » voudrait dire, assez gauchement d'ailleurs, que je suis au bureau et que j'y marche, et non que je m'y rends à pied. Par contre, avec les verbes de déplacement (ou de destination), les prépositions **à** et **de** cessent d'être statiques. Dans l'exemple ci-dessus, **marcher** est un verbe de mouvement, et **se rendre** un verbe de déplacement. Il y a ainsi deux catégories de verbes à considérer.

Verbes de

mouvement	**déplacement**
marcher	aller (à, dans, sur, sous)
	se rendre (à, dans, sur, sous)
	gagner
courir	courir (au sens figuré de « aller en hâte »)
voler	aller en avion
conduire	aller en voiture
nager	gagner à la nage
	aller à la nage

Cette distinction ne vaut pas pour l'anglais, où n'importe quel verbe de mouvement peut indiquer le déplacement s'il est suivi d'une préposition ou d'un adverbe.

108 On a dit plus haut qu'en français le mouvement est indiqué au moyen d'une locution adverbiale. Supposons que d'un baigneur qui est sur un radeau à quelque distance de la rive on dise:

He swam to the shore.

L'équivalent français ne peut pas être « Il nagea à la rive », qui pourrait tout au plus vouloir dire qu'il était près de la rive et qu'il y nageait. Nous sommes ramenés à l'exemple de « Je marche au bureau ». **Nager** est un verbe de mouvement. Il faut le remplacer par un verbe de déplacement et rendre l'idée de nager par une locution adverbiale. On dira donc: « Il gagna la rive à la nage », qui est parallèle à « Il se rend à pied au bureau ».

En somme, ce genre d'énoncé donne deux sortes de renseignements:

1. l'endroit où l'on va; c'est l'aboutissement de l'action;
2. la façon dont on y va.

L'anglais donne l'indication du mouvement avant celle de la destination, reproduisant fidèlement ce qui se passe dans la réalité. Le français anticipe et donne le résultat avant le moyen choisi pour l'atteindre. Ainsi:

*He **ran across** the street.*
Il **traversa** la rue **en courant**.

*He **ran out**.*
Il **sortit en courant**.

Il arrive aussi que le moyen soit sous-entendu parce qu'il est évident:

*He **walked over** to the window.*
Il **s'approcha de** la fenêtre.

*He got into his car and **drove away**.*
Il monta dans sa voiture et **partit**.

Au lieu de **partit**, on pourrait dire aussi **démarra**.

109 Les verbes de déplacement sont, on vient de le voir, suivis d'un complément de destination, accompagné ou non du complément de manière:

Il se rend à son travail à bicyclette.

Il est un autre complément à considérer, c'est le complément de la distance parcourue. Dans ce cas le verbe à employer est le verbe **faire**, et ici encore on peut ajouter ou omettre le complément qui indique comment la distance a été parcourue:

Nous avons fait deux cents kilomètres (en auto).

On remarquera que les verbes de mouvement, tels que **marcher**, **courir**, **conduire** (au sens de ***to drive***) ne peuvent être suivis ni du complément de destination, ni du complément de distance.

110 La différence entre le mouvement et le déplacement explique aussi que le préposé de l'ascenseur dans un grand magasin dise **pour monter**, **pour descendre** au lieu de « en haut » et « en bas », qui, sans verbe de déplacement, ne pourraient indiquer que l'endroit où il est. (Cependant, si l'on répond à la question « Où allez-vous ? », **en haut** marque bien le mouvement vers un lieu plus élevé.)

De même *He called up the stairs* traduit par « Il appela en haut de l'escalier » signifierait qu'il est en haut pendant qu'il appelle. Il faut dire: « Il appela **du bas de** l'escalier ».

Dans cette perspective on comprend également pourquoi la préposition **à** ne peut marquer les limites d'un intervalle sans être mise en corrélation avec **de**:

Cela coûtera de dix à quinze dollars.
Défense de stationner de 9 heures à 6 heures.

Mais on peut aussi employer **entre**: « entre dix et quinze », « entre six et neuf ».

111 Le français emploie **dans** pour ***into*** aussi bien que pour ***in***. C'est le verbe qui indique la différence. Après un verbe de mouvement, **dans** correspond à ***in***; il correspond à ***into*** après un verbe de déplacement:

*I walked **in** the park.*	Je me suis promené **dans** le parc.
*I walked **into** the park.*	Je suis **entré** (à pied) **dans** le parc.

Tonight 12 &
mot

Notez que **se promener** exprime le mouvement, et **entrer** le déplacement.

Il en est de même pour ***on*** et ***onto***:

Il est **sur** le quai.	*He is **on** the platform.*
Il passa **sur** le quai.	*He went **onto** the platform.*

Lorsque **sur** suit un verbe de mouvement, il arrive qu'il corresponde à ***over, across***:

Les eaux se répandirent **sur** la plaine.
*The waters spread **over** the plain.*

L'ombre s'allongeait **sur** la pelouse.
*The shadow lay **across** the lawn.*

Il y avait une demi-heure que nous avancions en rampant **sur** cette paroi de neige et de glace.
*We had been crawling for half an hour **over** this wall of snow and ice.*

112 Les variations d'une quantité, d'un montant, relèvent également du mouvement et du déplacement:

Son traitement a été **augmenté de** 500 dollars.
Son traitement a été **porté à** 10,000 dollars.

Remarquez que l'anglais peut employer le même verbe dans les deux cas: *raised $500, raised to $10,000* parce qu'il ne fait pas la distinction entre les verbes de mouvement (augmenter de) et les verbes de déplacement (porter à).

S'il y a diminution au lieu d'une augmentation on dira:

Les dépenses ont été **réduites de** 10%.
Elles ont été **ramenées à** 20,000 dollars.

EXERCICES

A. Traduisez:

1. A little more to the left.
2. Take two steps forward.
3. We'll meet outside the town hall.
4. He lives across from the post office.
5. It's somewhere near the Eiffel Tower.
6. You can see his house over there, across the river.
7. His room is up above.
8. Go back the way you came.
9. He lives ten kilometers from here.
10. Poland is east of Germany, and Russia is further east.

B. A partir des mots qui figurent sur une même ligne formez une phrase qui indique qu'un mouvement a été effectué par rapport à un lieu et comment il a été effectué. Il sera parfois nécessaire de faire entrer certains mots dans une expression ou même d'utiliser un dérivé. D'autre part les éléments de l'énoncé ne seront pas forcément dans l'ordre où ils sont donnés.

Exemple: courir traverser la rue
Il a traversé la rue en courant.

1.	nager	traverser	lac
2.	courir	arriver	maison
3.	avion	traverser	Atlantique
4.	boiter	entrer	magasin
5.	ramper	traverser	clairière

C. 1. En utilisant les mots des deux colonnes ci-après formez des phrases qui comprennent un sujet (à votre choix), un verbe de déplacement (et non de mouvement), la destination ou la provenance, la façon dont le déplacement a été fait. Vous devez choisir vous-même l'ordre de ces indications.

Destination	**Moyen utilisé**
Paris	le bateau à rames
l'autre côté du lac	la bicyclette
le bureau	à pied
la plage	la voiture
Boston	l'avion
maison de campagne	le train

2. Complétez les phrases suivantes en indiquant le mode de transport:

En une journée on peut faire
vingt kilomètres
cinquante kilomètres . . .
quatre cents kilomètres . . .

D. Traduisez:

1. Did you drive? No, I flew.
2. I drove all the way.
3. They hurried back to their seats.
4. I walked up to the top.
5. He walked up to me.
6. He cycled over to our house.
7. The bird hopped across the path.
8. The bird flew into the room.
9. He ran up the stairs.
10. He walked down because the elevator was out of order.

Indications temporelles: le moment et la durée

113 Pour exprimer le temps (*time*), nous avons évidemment besoin de temps grammaticaux (*tenses*), mais il nous faut aussi marquer le moment (par exemple, l'heure ou la date) ou la durée de l'action.

Pour cela le français, comme l'anglais, utilise des compléments d'heure, de date, d'époque: « à 8 heures, le 17 (juin) », « au XVIIIe siècle » ou des adverbes et des locutions adverbiales: « demain », « dans trois jours ». Certains de ces compléments figurent dans les exemples que l'on verra à propos de l'emploi des temps grammaticaux.

Il importe de bien distinguer les deux moyens de marquer un moment. On peut indiquer soit l'heure ou la date de l'événement, soit l'intervalle de temps qui sépare l'événement d'une date choisie comme base. Il existe aussi dans certains cas des expressions qui sont des dates mais n'utilisent pas le vocabulaire du calendrier (jour de la semaine, quantième, mois). Ainsi, si nous sommes le vendredi 17, je peux dire que ce qui s'est passé deux jours avant a eu lieu:

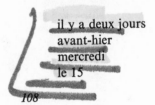

il y a deux jours
avant-hier
mercredi
le 15

De même, en regardant vers l'avenir, on a le choix entre quatre façons de marquer une date, soit absolument soit par rapport à une autre:

Il restera jusqu'au 31.
Il restera quinze jours.
Il partira le 31.
Il partira dans quinze jours.

114 HEURES ET DATES: Les expressions qu'on emploie pour indiquer les heures et les dates relèvent surtout du vocabulaire. Cependant il convient de noter l'emploi ou l'absence des prépositions:

Cela s'est passé à 9 heures.
le 25 juin.
au mois de juin, en juin.
en 1977.
au XXe siècle.

On dit: **au printemps, en été, en automne, en hiver** en réponse à la question **En quelle saison?** (Voir 188.24.)

Si l'on demande: « En quel siècle cela s'est-il passé ? » la réponse sera, par exemple, « au XVIe siècle ».

Les heures se comptent de 0 à 24 dans les avis et les horaires, ce qui permet de distinguer avec plus de concision entre neuf heures du matin et neuf heures du soir. La pièce commence officiellement à **20h45**, c'est-à-dire à **neuf heures moins le quart** ou à **8h45**. Le fractionnement de l'heure donne lieu aux expressions:

huit heures **un quart** ou **et quart**
huit heures **et demie**
huit heures **trois quarts**, neuf heures **moins un quart**, ou
neuf heures **moins le quart**

Le détail des dates présente certaines particularités:

Il est reparti le vendredi 5 novembre.
(Notez la place de l'article.)

Une date isolée, par exemple celle d'un journal ou d'une lettre, peut se passer de l'article: « 28 août 1977 », « le 28 août 1977 ». L'article est généralement omis si le jour de la semaine est indiqué: « jeudi 28 août 1977 ».

Notez:

a. l'absence de majuscule pour les noms des jours et des mois, sauf en position initiale.
b. l'absence de virgule
c. l'obligation de prononcer le mot **cent** entre 19 et 77
d. l'orthographe **mil** au lieu de **mille** quand on écrit la date en toutes lettres. On peut remplacer **mil** et le numéral qui le suit (par exemple « six cent ») par le multiple de **cent** qui correspond à ce chiffre. On a donc le choix entre:

mil six cent . . . et seize cent. . .
mil neuf cent . . . et dix-neuf cent. . .

115 AUTRES INDICATIONS TEMPORELLES: années et jours non datés.

En dehors des dates et des heures, les compléments de temps peuvent se rendre par des expressions qui marquent soit le moment ou la période, soit la durée écoulée ou à venir à partir d'un autre moment pris comme base. Mais ces expressions varient suivant qu'on regarde en arrière ou vers l'avenir (cf. ***last year, next year***). Elles varient aussi suivant que le moment de l'action est considére à partir du moment présent ou d'un autre moment pris comme base. Par exemple, en anglais, ***last year*** ne peut se dire que par rapport à l'année où l'on est. L'année qui précède toute autre année est ***the year before***. Le français marque un peu plus que l'anglais les différences entre ces deux points de vue.

On peut en donner des exemples avec des années et avec des jours.

a. **Années**

En comptant à partir	
de cette année (par exemple, 1978)	**d'une autre année** (par exemple, 1970)
1976: il y a deux ans	1968: deux ans avant
1977: l'année dernière	1969: l'année précédente un an avant
1978: cette année	1970: cette année-là
1979: l'année prochaine	1971: l'année suivante l'année d'après
1980: dans deux ans	1972: deux ans après deux ans plus tard

On peut faire un tableau parallèle en remplaçant **année** par **semaine**. Il convient alors de noter que deux semaines est souvent remplacé par **quinze jours**.

On voit par ce qui précède que le français distingue soigneusement entre **prochain** (par rapport à maintenant) et **suivant** (par rapport à ce moment-là).

Dans l'exemple ci-après ***next*** doit être rendu par **suivant**.

> *And the news which came to England early next year* [*i.e. in 1913*] *of the death of Captain Scott* (John Buchan).
> Et la nouvelle qui parvint en Angleterre, au début de l'année suivante, de la mort du capitaine Scott.

De la même façon ***now*** correspond parfois à **alors**, et non à maintenant.

> *The war was now practically concluded.*
> La guerre était alors à peu près finie.

b. **Jours**

En comptant à partir

d'aujourd'hui	**d'un autre jour**
(par exemple, le 15 janvier)	(par exemple, le 10 février)
le 12: il y a trois jours	le 7: trois jours avant
le 13: avant-hier, il y a deux jours	le 8: deux jours avant, l'avant-veille
le 14: hier	le 9: la veille
le 15: aujourd'hui	le 10: ce jour-là
le 16: demain	le 11: le lendemain
le 17: après-demain	le 12: le surlendemain
le 18: dans trois jours	le 13: trois jours après trois jours plus tard

Le tableau ci-dessus signifie par exemple que si aujourd'hui est le 15 janvier, on peut dire « il y a trois jours » pour désigner le 12.

116 INDICATION DES JOURS ET DES MOMENTS DE LA JOURNÉE EN COMPTANT A PARTIR

d'aujourd'hui		**d'un autre jour**	
avant-hier	matin après-midi soir	l'avant-veille	au matin dans l'après-midi au soir
hier	matin après-midi soir	la veille	au matin dans l'après-midi au soir
cette nuit[1]		cette nuit-là	
demain	matin après-midi soir	le lendemain	matin après-midi soir
après demain	matin après-midi soir	le surlendemain	matin après-midi soir

[1] **Cette nuit** correspond à ***last night*** et à ***tonight***, le temps du verbe permettant de distinguer entre la nuit qui précède et celle qui suit.

117 INDICATION DES MOMENTS DE LA JOURNÉE AVEC LES DATES

le matin l'après-midi le soir	du 10 janvier	le 10 janvier	au matin dans l'après-midi au soir

Dans ce contexte **au matin** et **au soir** peuvent être remplacés par **dans la matinée** et **dans la soirée.**

118 INDICATION DU MOMENT MARQUÉ COMME LE TERME D'UNE DURÉE

On vient d'en voir des exemples avec (voir 115):

dans deux ans, deux ans après, et deux ans plus tard.

Traditionnellement en français les périodes d'une et de deux semaines s'emploient pour mesurer de courts délais.

Par exemple, aujourd'hui étant le 20 mai.

de demain en huit	désigne le 28
d'aujourd'hui en huit	désigne le 27
d'hier en huit	désigne le 26
il y aura demain huit jours	désigne le 14
il y a huit jours	désigne le 13
il y a eu hier huit jours	désigne le 11

On peut remplacer **huit** par **quinze** dans les six exemples ci-dessus pour obtenir un délai de deux semaines.

119 Le français distingue entre le délai écoulé, le délai prévu et le temps requis pour faire quelque chose:

a. **Au bout de** quelques instants le brouillard se dissipa.
b. Il sera ici **dans** trois semaines.
c. Il est venu **en** deux heures.

Toutes les expressions soulignées dans les exemples ci-dessus pourraient se rendre par ***in*** en anglais.

La nuance qu'expriment ***in less than*** et ***within*** par rapport à ***in*** peut se rendre par **en moins de**, **dans moins de**, **dans un délai de**, **moins de . . . après**:

Nous y allons **en moins de** deux heures.
We do it ***in less than*** *two hours.*

Il sera ici **dans moins de** deux heures.
He will be here ***within*** *two hours.*

Cela vous sera livré **dans un délai de** quinze jours.
It will be delivered ***within*** *two weeks.*

Moins de deux jours **après** il avait la réponse.
Within *two days he had the answer.*

120 On peut modifier les indications temporelles pour leur donner moins de précision ou établir une certaine perspective.

a. L'approximation se rend par **environ** pour la durée et **vers** pour le moment:

Il est resté environ deux heures.
He stayed about two hours.

Il est venu vers deux heures.
He came about two o'clock.

b. Suivant que le moment est considéré comme tôt ou tard on dira:

Il était là dès le 27.	(*as early as the 27th*)
Il n'est pas arrivé avant le 27.	(*not until the 27th*)
Il n'est arrivé que le 27.	(*not until the 27th*)

c. La préposition ***by*** avec une indication de temps est difficile à rendre autrement que par **quand, lorsque**:

> ***By the time*** *we arrived everybody had gone.*
> **Quand enfin** nous arrivâmes, tout le monde était parti.

EXERCICES

A. 1. Situation: Il est arrivé aujourd'hui 8 octobre. Il repartira le 22. Indiquez la durée de son séjour de trois façons différentes en utilisant une fois le verbe **partir** et deux fois le verbe **rester**.

2. Situations: Il est parti le 18. Il est revenu *le 20* au matin.
Nous sommes le 12. Il arrivera *le 20*.
Nous sommes le 12. Il est venu *le 4*.

Pour chacune des situations ci-dessus, remplacez l'expression en italique par une expression non datée qui n'utilise ni **dans** ni **plus tard**.

3. Situation: Je m'en occuperai après-demain.
Refaites la phrase en exprimant l'idée que
a. ce n'est pas pressé, vous attendrez jusqu'à après-demain
b. c'est urgent, vous n'attendrez pas plus longtemps pour vous en occuper.

B. 1. Ecrivez en toutes lettres les millésimes 1453, 1870, 1914.

2. Ecrivez une date complète de votre choix, telle qu'elle figure
a. isolément (par exemple en haut d'une lettre)
b. dans une phrase.

C. Traduisez:

1. We came in two hours.
2. He will let you know in two weeks.
3. In two days he was back again.
4. We were notified not later than the 14th.
5. We were not notified until the 14th.
6. Three years ago we spent our vacation in Switzerland.
7. The next year we went to Austria.
8. Next year we may go to Spain.

Le temps déjà écoulé

121 Le temps (***time***) qui est derrière nous n'est pas considéré de la même façon en français et en anglais. Aussi les temps grammaticaux (***tenses***) ne se correspondent-ils pas exactement d'une langue à l'autre et n'établissent-ils pas les mêmes perspectives.

Si on laisse de côté les temps de l'antériorité (voir 137.2), on peut considérer qu'il y a trois temps du passé en français:

> le passé simple, le passé composé, et l'imparfait.

LES TEMPS NARRATIFS DU PASSÉ

122 Le passé simple ne s'emploie pour ainsi dire jamais dans la langue parlée. Il est limité à la langue écrite. Il est essentiellement le temps de la narration historique:

> Louis XVI monta sur le trône en 1774.

Mais il se maintient dans la narration romanesque. Encore aujourd'hui tout ce que raconte directement l'auteur d'un roman comme étant passé est généralement au passé simple:

> Il se retira donc au Havre, acheta une barque et devint matelot amateur.

A cet égard *l'Étranger* de Camus est une exception: Meursault raconte ses aventures au passé composé.

D'ailleurs dès qu'on rédige, dès qu'un texte a une certaine continuité, présente un enchaînement de faits ou d'idées, le passé simple semble se substituer au passé composé sous la plume de celui qui écrit. Il convient toutefois de noter que dans une dissertation, une thèse, on emploie le passé composé pour rappeler une chose déjà mentionnée au cours de l'exposé.

123 Dans la langue de tous les jours, le passé composé est le temps narratif usuel pour raconter ce qui est arrivé. Il établit plusieurs perspectives:

a. il s'emploie pour relater des événements récents ou lointains:

J'ai reçu une lettre de lui hier.
Nous les avons rencontrés pour la première fois en 1940.

b. comme le temps anglais auquel il correspond par la structure (le ***present perfect***), il s'applique tout naturellement à un fait passé qui se situe à l'intérieur d'une période qui n'est pas achevée:

Je ne l'ai pas vu aujourd'hui.

c. il peut aussi établir un lien entre le passé et le présent au lieu de séparer le passé du présent. C'est le cas quand on insiste sur le résultat de l'action:

J'ai lu ce livre.

Peu importe le moment où je l'ai lu. Ce qui compte ce n'est pas le moment de ma lecture, c'est son résultat qui fait encore partie du présent: ayant lu ce livre, je le connais; je connais ce livre parce que je l'ai lu.

Le passé composé et le passé simple sont les deux passés narratifs du français. Ils sont séparés par des différences de sens (voir les exemples *b* et *c*) et aussi par des différences de style (voir les exemples *a*).

En face d'eux se présente l'imparfait dont il sera question plus loin.

UN PASSÉ QUI ABOUTIT AU PRÉSENT

124 Entre le passé et le présent, il existe une zone de transition dont l'anglais rend mieux compte que le français grâce à son ***present perfect***.

I have been here for two hours.
I have been here since three o'clock.

Le temps anglais indique bien que l'action d'attendre a commencé dans le passé et aboutit au présent. Le français, employant le présent, marque surtout le résultat:

Je suis ici depuis deux heures. (durée)
Il y a deux heures que je suis ici.
Je suis ici depuis trois heures. (à l'horloge)

Si ces deux phrases font partie du même énoncé, cela veut dire qu'il est maintenant cinq heures.

Avant d'entendre ou de lire **depuis**, nous ne savons pas que le présent en français s'applique à une durée en cours et non pas seulement au moment présent. De plus, **depuis** introduit aussi bien une heure à l'horloge ou une date qu'une durée. De sorte que, sans contexte, il est difficile de savoir si « Je suis ici depuis deux heures » signifie *I have been here for two hours* ou *since two o'clock*. **Il y a**, par contre, ne peut introduire qu'une durée.

Au lieu de **il y a**, on peut employer **voilà**, qui implique que la durée est appréciable.

> Voilà deux mois que j'attends.

Forçant davantage la note, on dira:

> Cela fait deux mois que j'attends et je n'ai toujours pas de nouvelles.

UN PASSÉ QUI ABOUTIT A UN ÉVÉNEMENT ÉGALEMENT PASSÉ

125 Là où l'anglais emploie le plus-que-parfait pour marquer qu'une durée aboutit à un passé au lieu d'un présent, le français se sert de l'imparfait:

> *I had been waiting for twenty minutes when he came.*
> ou
> *I had been in France since June when I had to come home.*

correspond donc à:

> Je l'attendais depuis vingt minutes quand il est arrivé.
> Il y avait vingt minutes que j'attendais quand il est arrivé.
> J'étais en France depuis le mois de juin quand il me fallut rentrer.

(Voir au paragraphe 188.27 les questions qui se rapportent à la durée en cours.)

126 Il y a cependant des cas où le français utilise comme l'anglais un temps composé (passé composé ou plus-que-parfait) pour exprimer ce genre de durée:

> Je ne l'ai pas vu depuis deux jours.
> Elle ne lui avait pas écrit depuis quelque temps.

Cette contradiction apparente s'explique par le fait que les actions dont il s'agit ne sont pas continues; elles ne peuvent être qu'intermittentes: on ne voit pas quelqu'un sans interruption, on écrit à des intervalles plus ou moins longs. C'est cette intermittence que rend le passé composé dans ces deux exemples. Il y a en effet une distinction de sens entre:

> Je ne l'ai pas vu depuis deux jours; il doit être en voyage.

et

> Je ne le vois plus depuis deux ans; nous n'avons pas continué nos relations.

On remarquera que le verbe **voir** n'a pas tout à fait le même sens dans ces deux phrases. Dans le premier cas **voir** veut dire apercevoir et dans le second il signifie fréquenter.

EXERCICES

A. 1. Récrivez dans la langue de tous les jours:

> Il se réveilla vers onze heures, alluma sa lampe de chevet, reprit la lecture de son livre. Mais au bout de quelques minutes, il s'arrêta, éteignit, se retourna, ramena ses draps sur son épaule et se rendormit.

2. Dites si les passés composés ci-dessous sont du type *a*, *b* ou *c* (voir 123):

Je l'ai rencontré il y a dix ans. Nous l'avons déjà vu, ce film. Il a fait très beau aujourd'hui. Une révolution sociale s'est accomplie en 1936. Il a eu une enfance heureuse. Nous sommes allés deux fois au théâtre ce mois-ci.

B. 1. A l'aide des éléments réunis dans le tableau ci-dessous composez des phrases qui indiquent que l'action ou la situation commencée dans le passé dure encore au moment où l'on parle. Chaque phrase ainsi composée doit mesurer la durée de l'action, en unités de temps ou à partir d'un moment passé.

action	**durée en unités de temps**	**durée comptée à partir d'une date**
aller mieux	quart d'heure	1870
circuler en	mois	hier soir
durer	an	l'année dernière
être		le printemps
être au pouvoir		mon retour d'Europe
être une république		la fin du siècle dernier
faire du français		
fréquenter		
habiter		
marcher		

Je fréquente l'université depuis 3 ans.

Exemple: écouter la radio   quart d'heure
Il écoute la radio depuis un quart d'heure.

2. Procédez de même avec les éléments ci-après pour mesurer une durée (action ou état) qui aboutit à une action, elle aussi dans le passé, que nous appellerons l'intervention.

Exemple: action: attendre
unité de temps: heure
intervention: arriver
Il attendait depuis une heure quand nous sommes arrivés.

action	**unités de temps**	**intervention**
dormir	heure	réveiller
étudier le français	an	aller en France
être en vacances	semaine	devoir rentrer
s'en douter	quelque temps	savoir
être malade	mois	mourir

3. Etant donnée que Jacques est allé faire un séjour en France en octobre 1973 et qu'il est revenu en juin 1976,

   a. jusqu'à quelle époque a-t-on pu dire:

   Il est à Paris depuis 1973.

   b. à partir de quand a-t-on pu dire:

   Il a habité Paris pendant près de trois ans.

Le passé inachevé: l'imparfait

127 L'IMPARFAIT n'existe pas en anglais sous la forme d'un temps simple et c'est ce qui explique que les anglophones éprouvent de la difficulté à l'employer correctement. Dans une partie de son domaine ce temps correspond à une forme anglaise, celle du passé périphrastique (*I was working*), qui indique que l'action est en cours.

Comme son étymologie l'indique, l'imparfait est essentiellement le temps du passé inachevé, ou considéré comme tel. Aussi s'emploie-t-il toutes les fois que l'on considère le temps passé indépendamment de ses limites et de sa durée mesurée numériquement. Il est exact que l'imparfait est associé à l'expression de la durée, mais d'une durée dont le début, le terme et la longueur sont laissés dans l'ombre.

128 Il est ainsi le temps de l'action interrompue:

> Nous finissions de dîner quand il est arrivé.

C'est un cas où la correspondance s'établit avec le passé périphrastique de l'anglais:

> *We were finishing dinner when he arrived.*

Cet emploi de l'imparfait est facile pour un anglophone parce qu'il traduit une forme anglaise déterminée.

Mais le passé simple anglais, ou prétérit, aboutit tantôt au passé simple ou au passé composé, tantôt à l'imparfait. Le choix présente alors une réelle difficulté. Pour s'y retrouver, il faut se rappeler que le passé simple et le passé composé se rapportent à des moments passés vus du présent, dont ils sont complètement séparés. L'imparfait, au contraire, est un présent dans le passé, c'est-à-dire, un passé dans lequel on se replonge comme s'il était un présent. C'est pourquoi on ne peut pas avoir l'imparfait si la fin de la période est envisagée. L'imparfait est ainsi le temps de la description, et la situation qu'on décrit est prise entre son début et sa fin:

> Son père **parlait** très bien le français.
> *His father* ***spoke*** *French very well.*

On est ramené à l'époque où son père vivait et l'on mentionne une chose qu'il faisait bien. De même:

> Devant la maison une route **gravissait** la montagne.
> *Outside the house a road* ***went up*** *the mountain.*

L'action qui sert de cadre à une autre action est tout naturellement à l'imparfait, qui correspond dans ce cas au passé périphrastique anglais:

> Comme je **traversais** Alassio, je me trompai de tournant et me trouvai dans une ruelle sans issue.
> *As I* ***was passing*** *through Alassio, I took the wrong turn and found myself in a narrow dead-end street.*

Le passé simple — ou le passé composé — marque un événement, une action qui débute et qui peut alors donner lieu à une description. Celle-ci utilisera l'imparfait:

> *I* ***saw*** *a man* ***advancing*** *toward me from a distance. He* ***walked*** *with his hands in his pockets and* ***looked*** *cold.*
> Je **vis** de loin un homme qui **s'avançait** vers moi. Il **marchait** les mains dans les poches et **avait l'air** d'avoir froid.

129 L'imparfait s'emploie au discours indirect pour rendre ce qui était au présent dans le discours direct (voir 149):

> Il a dit: Je m'en **charge**.
> Il a dit qu'il s'en **chargeait**.

Il est aussi le temps des explications qu'on donne à la suite d'un événement:

> Pour une raison qui n'**était** pas précisée on **allait** me conduire en prison; on me **donnait** quelques minutes pour mettre mes affaires en ordre, mais non pas pour téléphoner à l'ambassade des Etats-Unis.
> *For some reason or other I **was** to be conducted forthwith to prison. **I was allowed** a few minutes to put my things in order, but not to telephone the American Embassy.*

On pourrait également dire « on me donna quelques minutes », mais l'action serait alors vue du présent. Avec l'imparfait, on est ramené au moment où celui qui parle vient d'apprendre que les inspecteurs venus pour l'arrêter lui permettent de ranger ses affaires. Il répète en somme ce qu'ils ont dit. C'est une sorte de discours indirect.

130 L'imparfait est également le temps de l'habitude:

> Il **venait** déjeuner à la maison chaque dimanche.

Cependant, si la période pendant laquelle l'action se répète est nettement délimitée, le passé simple (ou le passé composé) est de rigueur:

> Pendant deux ans il **est venu** déjeuner à la maison tous les dimanches.

L'anglais ne marque pas toujours si l'action est isolée ou habituelle. C'est alors le contexte qui décide. Le français est obligé de choisir:

When the room ***was*** *warm the maid* ***brought in*** *breakfast.*

Cette phrase peut décrire une action qui a eu lieu une seule fois:

Quand la pièce **fut** bien chaude, la bonne **apporta** le petit déjeuner.

Elle peut aussi s'appliquer à une action qui se répète. Obligatoirement le français met alors les verbes à l'imparfait:

Quand la pièce **était** bien chaude, la bonne **apportait** le petit déjeuner.

131 L'action dont la durée est mesurée en unités de temps ne peut se rendre par l'imparfait si elle est isolée dans le temps:

Il **a habité** Paris pendant cinq ans.

Cela veut dire qu'un complément circonstanciel du modèle **pendant** + nombre + unités de temps exclut l'imparfait, sauf quand l'action se répète:

Il **jouait** du piano pendant deux heures tous les matins.

D'autre part, quand la durée n'est pas mesurée, l'imparfait est possible avec **pendant**, même pour une seule occasion:

Pendant la guerre il **était** à Londres.

Dans ce dernier exemple on n'indique pas les limites de son séjour qui n'a pas nécessairement duré aussi longtemps que la guerre. Dans le précédent, le fait même qu'on mentionne le nombre d'années rejette ce séjour dans un passé sans contact avec le présent, d'où l'emploi du passé composé (ou simple).

132 Pour la même raison (indication de la limite du temps) on n'emploie pas l'imparfait avec **jusqu'à, longtemps** et **à partir de**:

> Il **est resté** en France jusqu'à l'année dernière.
> Nous l'**avons attendu** longtemps.

Des phrases telles que:

> Il **restait** longtemps sans parler.
> Il **travaillait** jusqu'à dix heures.

sont possibles, mais elles s'appliquent à une action habituelle. En d'autres termes, il avait l'habitude, certains jours, de rester longtemps sans parler ou de travailler jusqu'à dix heures.

De la même façon on n'emploie pas l'imparfait quand le début de l'action est mentionné:

> A partir de ce moment-là il **s'occupa** plus sérieusement de ses affaires.

133 Dans les exemples qui précèdent, on ne peut remplacer l'imparfait par le passé simple (ou le passé composé) sans changer ou détruire le sens de la phrase. Il existe un emploi de l'imparfait qui est interchangeable avec l'un ou l'autre de ces deux passés. Le sens est alors le même, mais il en résulte un effet différent:

> Deux heures après on apprenait qu'il était démissionnaire.
> *Two hours later his resignation was announced.*

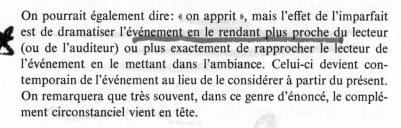

On pourrait également dire: « on apprit », mais l'effet de l'imparfait est de dramatiser l'événement en le rendant plus proche du lecteur (ou de l'auditeur) ou plus exactement de rapprocher le lecteur de l'événement en le mettant dans l'ambiance. Celui-ci devient contemporain de l'événement au lieu de le considérer à partir du présent. On remarquera que très souvent, dans ce genre d'énoncé, le complément circonstanciel vient en tête.

134 Cet imparfait qu'on peut appeler l'imparfait dramatique peut avoir la valeur d'un conditionnel:

> Un pas de plus et il tombait dans le précipice.

C'est-à-dire: S'il avait fait un pas de plus, il serait tombé. Cette éventualité, qui ne s'est pas produite, est présentée grâce à l'imparfait comme ayant été à deux doigts de se réaliser. On voit la chute dans le vide comme si elle s'était vraiment produite.

135 La force de l'imparfait est telle que, dans le cas de certains verbes, elle entraîne un changement de sens par rapport au passé simple, ce qui fait que l'anglais est dans ce cas obligé de changer de vocabulaire:

> Nous le **savions** déjà.
> *We **knew** it already.*
>
> Nous l'**avons su** tout de suite.
> *We **heard** of it immediately.*
>
> Il **voulait** se lever, mais le docteur le lui interdit.
> *He **wanted to** get up, but the doctor wouldn't let him.*
>
> Il **voulut** se lever, mais ses forces le trahirent.
> *He **attempted to** get up, but his strength failed him.*
>
> Il **pouvait** partir ou rester.
> *He **could** leave or stay.*
>
> Il **put** partir tout de suite.
> *He **was able to** leave right away.*

Dans le même ordre d'idées, « il se taisait » veut dire qu'il ne parlait pas, tandis que « il se tut » signifie qu'il s'arrêta de parler. On pourrait rendre la première phrase par *he was silent* et la seconde par *he fell silent*. L'opposition entre l'imparfait et le passé simple (ou composé) est aussi illustrée par la phrase:

> *He sat beside the driver.*

qui peut s'entendre de deux façons:

> *He took his seat beside the driver.*
> *He was sitting beside the driver.*

Dans le premier cas elle se traduit par:

> Il s'assit à côté du chauffeur.

et dans le second par:

> Il était assis à côté du chauffeur.

EXERCICES

A. 1. Quelle différence y a-t-il entre ces deux phrases?

> Il prit le train à la gare Saint-Lazare.
> Il prenait le train à la gare Saint-Lazare.

Ajoutez à chacune de ces phrases un complément circonstanciel qui aille avec le temps employé.

2. Avec chacun des éléments ci-après composez deux phrases, l'une au passé composé, l'autre à l'imparfait. Donnez à chaque phrase un complément circonstanciel qui aille avec le temps employé.

> faire sa correspondance
> sortir faire un tour
> se lever de bonne heure

3. Les phrases qui suivent se rapportent à la vie passée de celui dont on parle. Mettez, dans chacune d'elles, le verbe **travailler** au temps qui convient.

   A cette époque-là il . . . dans une usine.
   Il . . . dans une usine pendant 15 ans.
   Il . . . dans une usine jusqu'en 1960.
   Il . . . dans une usine très longtemps.

4. Rendez plus frappant:

   L'instant d'après il s'enfuit.
   Accablé, la tête basse, il descendit l'escalier d'un pas lourd.
   Le lendemain il revint tout rasséréné.

B. Mettez le passage suivant au passé en choisissant pour chaque verbe le temps qui convient:

J'arrive à la gare de bonne heure. Il y a déjà beaucoup de monde. Les gens font la queue pour prendre leur billet. Je finis par arriver au guichet. Il me reste alors un quart d'heure avant le départ du train. Je me dis que j'ai le temps de prendre un café. Le buffet est presque désert, mais il n'y a qu'une serveuse, et elle est assez nonchalante. Il me faut attendre dix minutes avant d'être servi. Le train est déjà annoncé quand je passe enfin sur le quai.

Antériorité et postériorité dans le passé et dans l'avenir

136 Deux actions dont l'une a lieu avant l'autre sont dans un rapport d'ANTÉRIORITÉ ou de POSTÉRIORITÉ, suivant le point de vue auquel on se place. Le rapport peut être implicite ou explicite. Il peut s'établir entre un état et une action aussi bien qu'entre deux actions.

L'antériorité implicite découle d'une séquence dans le temps dont chaque élément est antérieur à celui qu'il précède. Dans une telle séquence, les verbes sont souvent au même temps, et le temps peut être un passé ou un futur. Il peut même être un présent s'il s'agit d'un processus qui n'est pas lié à un moment déterminé:

Il se leva, ouvrit la porte et sortit.
Il se lève, ouvre la porte et sort.
Vous irez lui en parler et il vous dira ce qu'il faut faire.
On lave la salade, on l'égoutte, on l'assaisonne . . .

137 C'est surtout l'antériorité explicite qui a besoin d'être étudiée. Pour bien en faire comprendre le mécanisme, la séquence des actions considérées sera d'abord donnée au moyen d'éléments juxtaposés et parfois datés. De plus, il ne sera question pour commencer que d'actions passées.

1. L'action antérieure à une action passée peut être exprimée par un participe:

   Les travaux furent terminés le 23; il emménagea le 24.
   Les travaux **terminés**, il emménagea.

   Il ouvrit brusquement la porte et s'élança au dehors.
   Ouvrant brusquement la porte, il s'élança au dehors.

   Il relut la lettre et la cacheta.
   Ayant relu la lettre, il la cacheta.

2. Le verbe qui exprime une action antérieure à une action passée peut être à l'un des trois passés d'antériorité dont dispose le français: le plus-que-parfait, le passé antérieur et le remplaçant de celui-ci dans la langue courante, le passé surcomposé. (Voir ci-dessous.)

a. L'antériorité marquée par le plus-que-parfait:

   Il dîna à sept heures. Il finit à sept heures et demie.
   J'arrivai à huit heures.
   Il **avait dîné** quand j'arrivai.

b. L'antériorité marquée par le passé antérieur.

   Il jeta un coup d'œil sur le journal. Il se remit au travail.
   Quand il **eut jeté** un coup d'œil sur le journal, il se remit au travail.

Dans l'exemple *a* il y a un intervalle de temps entre la fin de la première action et le début de la seconde. Plutôt qu'un enchaînement d'actions, il y a une action (la seconde) qui se produit dans une certaine situation, celle où quelqu'un n'est plus en train de dîner quand le visiteur arrive. C'est pourquoi on a le plus-que-parfait.

Dans l'exemple qui suit, l'emploi du passé antérieur semble contredire cette distinction:

   Deux jours après que son frère l'**eut quitté**, il apprit qu'il avait été victime d'un accident.

Mais en fait la nouvelle arrive deux jours après le départ du frère et la durée de l'intervalle est ainsi précisée. C'est cette précision qui entraîne l'emploi du passé antérieur. On pourrait aligner l'exemple *a* sur le dernier exemple en disant:

Une demi-heure après qu'il **eut fini** de dîner j'arrivai.

c. L'antériorité marquée par le passé surcomposé.

Le passé antérieur (dont l'auxiliaire est au passé simple) est en corrélation avec le passé simple. Ce dernier temps est remplacé par le passé composé dans la langue courante. Le passé composé ne va pas avec le passé antérieur, qui est alors remplacé par le passé surcomposé (dont l'auxiliaire est au passé composé). L'exemple *a* vu plus haut peut devenir:

Je suis arrivé après qu'il **a eu dîné**.

138 Ainsi chacun des trois temps passés du français a son passé d'antériorité:

Quand il **eut fini**, il **sortit**. (action isolée — style soutenu)
Quand il **a eu fini**, il **est sorti**. (action isolée — langue courante)
Quand il **avait fini**, il sortait. (action habituelle)

sans compter la possibilité de dire:

Il avait fini quand il sortit,

puisque le plus-que-parfait peut s'employer avec un passé simple ou composé pour indiquer une action qui a eu lieu un certain temps avant que l'autre se produise.

Si l'on reprend maintenant la situation évoquée plus haut, de la personne qui arrive chez son ami après le dîner, on voit qu'on peut en rendre compte d'au moins trois façons:

a. Il **avait dîné** quand j'arrivai (je suis arrivé).
b. J'arrivai après qu'il **eut fini** de dîner.
c. Je suis arrivé après qu'il **a eu fini** de dîner.

139 L'antériorité s'exprime par le jeu des temps, comme on vient de le voir et aussi au moyen de certaines conjonctions. Dans plusieurs des exemples qui précèdent la conjonction a été **quand**. Elle aurait pu être remplacée par **lorsque**:

Lorsqu'il eut fini, il sortit.

Pour marquer que la seconde action est immédiatement déclenchée par la première, on peut remplacer **quand** ou **lorsque** par **dès que**:

Dès qu'il eut fini, il sortit.

Et, naturellement, l'antériorité et la postériorité s'expriment aussi par les conjonctions **avant que** et **après que** ou par les prépositions **avant** et **après**. Mais ces deux dernières conjonctions sont d'un maniement plus délicat.

Avant que exige le subjonctif, et le verbe qui suit peut être précédé de **ne** (qui est souvent omis dans la conversation):

Dites-le-lui **avant qu'**il **ne** l'apprenne autrement.
Voyez-le **avant qu'**il parte.

Après que est suivi de l'indicatif:

Il est arrivé **après que** nous **sommes partis**.

Quand les deux verbes ont le même sujet, le second se met à l'infinitif. Les conjonctions **avant que** et **après que** sont alors remplacées par les prépositions **avant** et **après**:

Il l'a fait avant de partir.
Il s'en est aperçu après avoir quitté la maison.

Ces prépositions, ainsi que la préposition **dès**, peuvent être aussi suivies d'un nom au lieu d'un infinitif. On a alors affaire à des transpositions (voir 255). Mais il n'est pas toujours possible, ou idiomatique, de transposer le verbe en nom:

Il s'en est occupé avant son départ.
après son retour.
dès son retour.

De la même façon le tour **lorsque** + verbe peut être transposé en **lors de** + nom:

Lorsqu'il est passé à Paris . . .
Lors de son passage à Paris . . .

140 L'antériorité dans l'avenir s'exprime au moyen du futur et du futur antérieur:

Il arrivera à quatre heures. La réunion commencera alors.
La réunion commencera après qu'il sera arrivé.

Tu finiras ce livre. Tu me le rendras.
Dès que tu auras fini ce livre, tu me le rendras.

Comme pour le passé la première action peut être rendue par un participe, souvent précédé d'une locution adverbiale:

La réunion terminée, il reviendra chez lui.
Ayant fini ce travail, il prendra quelques jours de repos.
Une fois reposé, il ira à New York pour ses affaires.

EXERCICES

A. 1. A partir de ces deux phrases simples:

Il a déjeuné. Ensuite il est sorti.

faites huit phrases complexes en supprimant **ensuite** et en introduisant chaque fois l'une des conjonctions ou prépositions ci-après:

quand (2 phrases)	**après que** (1 phrase)
lorsque (2 phrases)	**avant de** (1 phrase)
dès que (1 phrase)	**après** (1 phrase)

Ces huit phrases doivent se rapporter à la même situation: le déjeuner a précédé la sortie. Cependant elles ne l'envisagent pas nécessairement du même point de vue.

2. Faites de même avec les deux phrases suivantes, en supprimant **alors**:

   Il finira ses études. Il fera alors un séjour d'un an à Paris.

B. Marquez l'antériorité ou la postériorité entre les phrases de chaque groupe en les combinant en une seule et en supprimant les indications devenues inutiles:

1. *a.* Ils se promenèrent le long de la mer.
   b. Ils déjeunèrent à l'auberge du village.

2. *a.* Tous les invités sont arrivés.
   b. On s'est alors mis à table.

3. *a.* Il a refermé la porte derrière lui.
   b. J'ai poussé un soupir de soulagement.

C. When he had finished breakfast . . .

Ce début de phrase peut se traduire de trois façons différentes. Donnez ces trois traductions et terminez chaque phrase avec des mots de votre choix en vous assurant que la deuxième proposition ainsi ajoutée concorde avec la première.

Du passé à l'avenir

LE MOMENT OÙ L'ON EST

141 Le français n'a qu'un présent là où l'anglais en a deux. Une seule forme, en effet, peut rendre soit le présent simple, soit le présent périphrastique de l'anglais.

J'écris. *I write.*
I am writing.

Il en résulte qu'une phrase isolée dont le verbe est au présent est parfois ambiguë. « Il écrit » peut vouloir dire qu'il exerce le métier d'écrivain ou qu'il écrit en ce moment. Quand le français veut insister sur le fait qu'une action est en cours, il emploie la tournure **être en train de**:

Nous sommes en train de déjeuner.
We are having lunch.

La même distinction vaut pour le passé (voir 127).

142 Le présent est difficile à isoler dans le temps parce qu'il est à cheval sur le passé et l'avenir. Aussi n'est-il pas surprenant que la même forme puisse servir à représenter deux moments distincts, dont l'un vient de s'écouler et dont l'autre est très proche:

Je viens! (en réponse à un appel)
I am coming.
Je viens vous dire que nous sommes prêts.
I have come to tell you we are ready.

Ce dernier exemple n'est pas le seul cas où le passé composé anglais aboutit à un présent français. On a vu (voir 124) qu'avec **depuis** le présent français marque que l'action commencée dans le passé se continue jusqu'au présent et qu'il correspond alors au ***present perfect*** en anglais.

143 Le fait que le passé composé de certains verbes est formé avec l'auxiliaire **être** au lieu de l'auxiliaire **avoir** donne parfois lieu à des ambiguïtés lorsque le participe passé peut marquer l'état aussi bien que l'action.

Il est sorti (au cours de la journée).
He went out.

Il est sorti (il n'est pas chez lui en ce moment).
He is out.

Il est mort (depuis déjà quelque temps).
He is dead.

Il est mort l'an dernier.
He died last year.

Le titre de journal « *William Boyd is dead at the age of 77* » se rendrait en français par « meurt à l'âge de 77 ans ». Si on disait qu'il est mort à l'âge de 77 ans, on perdrait l'actualité de l'événement, car cela voudrait dire qu'il avait 77 ans quand il est mort, il y a déjà quelque temps.

Il convient aussi de remarquer que le passé composé peut aussi, avec certains verbes, se rapporter au moment présent. Que l'on compare:

> Nous en avons parlé hier, mais je n'ai pas très bien compris où il voulait en venir.
> *We discussed it yesterday, but I did not quite get his point.*

et

> N'insistez pas, j'ai compris.
> *You needn't press the point; I understand.*

DU PASSÉ IMMÉDIAT VERS L'AVENIR

144 Il existe un passé immédiat formé avec **venir de** et l'infinitif pour rendre ce qui était un présent il y a un instant:

Il vient de sortir.	*He has just gone out.*
Nous venons d'arriver.	*We have just arrived.*

Cette forme peut être renforcée par **à peine**:

> Nous venons à peine de commencer.
> *We have barely started.*

Au passé immédiat construit avec **venir de** s'oppose un futur immédiat dont **aller** est l'auxiliaire:

> Il va acheter une nouvelle voiture.
> *He is going to buy a new car.*

Le futur immédiat peut se situer dans le passé pour indiquer une action imminente au moment où une autre a lieu. L'auxiliaire **aller** est alors à l'imparfait:

> Il allait partir quand je suis arrivé.
> *He was about to leave when I arrived.*

145 Le français, comme l'anglais, peut exprimer l'avenir immédiat ou proche en se servant du présent et du futur immédiat:

Je pars samedi. *I am leaving on Saturday.*
Votre train part à dix heures. *Your train leaves at ten.*
Nous allons changer tout cela. *We are going to change all that.*

De plus, le futur ordinaire peut marquer dans les deux langues une action plus éloignée:

Je lui en parlerai la prochaine fois.
I'll mention it to him next time.

146 Toutefois, le futur ordinaire n'a pas la même extension dans les deux langues. Le futur ordinaire français, par exemple **je le ferai**, ne convient pas si l'action dont il s'agit doit avoir lieu tout de suite. Il est relevé pour cette tâche par le futur immédiat du type **je vais le faire**.

Vous n'avez pas compris? Je vais vous expliquer.
You don't understand? I'll explain.

Attendez, on va lui demander.
Wait. We'll ask him.

Par contre on dira:

Je lui en parlerai la prochaine fois.
I'll discuss it with him next time.

En somme, le futur ordinaire ne peut s'employer ni avec des expressions telles que **immédiatement**, **tout de suite**, ni dans des situations où ces expressions sont sous-entendues. Il en resulte que le futur ordinaire anglais correspond, en français, tantôt au futur ordinaire, tantôt au futur immédiat.

147 L'immédiat peut se rendre en français autrement que par le futur immédiat. A côté de « je vais partir », on peut dire « Je suis sur le point de partir », si le départ est imminent, et aussi « Je dois partir ». L'affaiblissement de l'idée d'obligation dans le verbe **devoir** fait que, à certains temps, ce verbe devient un simple auxiliaire du futur. Il exprime la nuance que l'événement dont il s'agit se produira normalement à l'époque indiquée (voir 212):

Il doit venir me voir demain.
He is coming to see me tomorrow.

Je dois lui en parler dès son retour.
I am to tell him about it on his return.

Ce dernier exemple comporte, dans les deux langues, une nuance impérative.

148 Dans la subordonnée circonstancielle de temps, le français met le verbe au futur ordinaire après des conjonctions telles que **quand, lorsque, dès que, aussitôt que, tant que**:

Dès qu'il arrivera, prévenez-le.
As soon as he arrives, let him know.
Tant qu'il sera là, tout ira bien.
As long as he is here, things will run smoothly.

De la même façon, le français emploie le conditionnel, après ces conjonctions, là où l'anglais met le verbe au passé:

Il a dit qu'il s'en occuperait dès qu'il reviendrait.
He said he would take care of it when he came back.

EXERCICES

A. 1. Formez avec « Il est parti » deux phrases qui montrent les deux sens possibles de ce verbe au passé composé.

2. Mettez au passé immédiat:

   Nous avons reçu sa lettre.
   Vous l'avez dit.
   Je lui en ai parlé au téléphone.

3. Mettez au futur immédiat:

   Je m'en occupe dès demain.
   Nous partons dans quelques instants.
   Vous refaites cet exercice.

B. 1. Formez quatre phrases composées des éléments suivants en mettant le verbe aux quatre formes qui indiquent que l'action va avoir lieu prochainement:

un sujet à votre choix	la personne ou les personnes à voir
le verbe **voir**	la date (très proche)

2. Faire de même avec:

un sujet à votre choix	le lieu où l'on va
le verbe **aller**	la date du voyage

C. Traduisez:

1. We'll see him when he comes back.
2. I'll see him as soon as he returns.
3. I'll tell him right away.
4. You will recall we were to meet last week but could not.
5. As long as you act in that manner you won't succeed.
6. The management will not be responsible for lost articles.

Concordance des temps

DANS LE STYLE INDIRECT

149 Le problème de la concordance des temps se pose d'abord à propos du style indirect, c'est-à-dire quand on rapporte les propos de quelqu'un ou même ceux qu'on a tenus soi-même:

J'ai dit: « Il s'en **occupera**. »
J'ai dit qu'il s'en **occuperait**.

Dans le style indirect le décalage des temps se fait de la façon suivante:

a. Le plus-que-parfait ne change pas:

Il a dit: « **J'avais** déjà **fini** quand vous êtes arrivé. »
Il a dit qu'il **avait** déjà **fini** quand vous êtes arrivé.

b. Le passé composé devient le plus-que-parfait:

Il a dit: « Je **suis parti** le lendemain. »
Il a dit qu'il **était parti** le lendemain.

c. Le présent devient un imparfait:

Il a dit: « Je **suis** pressé. »
Il a dit qu'il **était** pressé.

d. Le futur devient un conditionnel présent:

Il a dit: « Je me **renseignerai.** »
Il a dit qu'il se **renseignerait**.

e. Le futur antérieur devient un conditionnel passé:

Il a dit: « J'**aurai fini** avant demain. »
Il a dit qu'il **aurait fini** avant demain.

f. Le conditionnel passé ne change pas:

J'ai dit: « On **aurait dû** y penser plus tôt. »
J'ai dit qu'on **aurait dû** y penser plus tôt.

g. Le conditionnel présent reste au présent si l'action est encore dans le présent ou l'avenir; il fait place au conditionnel passé si le moment où on rapporte le propos est postérieur à l'action envisagée:

J'ai dit: « Il **aurait tort** de s'en mêler. »
J'ai dit qu'il **aurait tort** de s'en mêler (en ce moment, dans l'avenir).
J'ai dit qu'il **aurait eu tort** de s'en mêler (à ce moment-là, dans le passé).

150 Dans les exemples qui précèdent, la concordance des temps n'est pas différente de ce qu'elle est en anglais. Cette analogie cesse dans le cas du futur et du conditionnel après une conjonction temporelle (voir 148):

Il a dit: « Je m'en occuperai dès que j'**aurai** un moment. »
Il a dit qu'il s'en occuperait dès qu'il **aurait** un moment.
He said he would attend to it as soon as he ***had*** *some free time.*

Il a dit: « Nous partirons aussitôt que j'**aurai fini**. »
Il a dit que nous partirions aussitôt qu'il **aurait fini**.
He said we could go as soon as he ***had finished****.*

EN DEHORS DU STYLE INDIRECT

151 D'une façon générale, la concordance des temps est affaire de logique. Elle suit en effet les concordances que la pensée établit entre les moments des actions considérées. Mais elle est sujette à certaines servitudes. En particulier, le subjonctif n'a que quatre temps, dont deux ne sont plus guère employés.

Il est instructif de comparer la concordance des temps à l'indicatif et au subjonctif, en prenant pour cela des verbes tels que **apprendre et savoir**, qui régissent l'indicatif, et **douter**, qui exige le subjonctif (voir 217).

J'apprends ou j'ai appris

qu'il était déjà venu avant cela.
qu'il est venu le mois dernier.
qu'il vient aujourd'hui.
qu'il viendra demain.
qu'il aura fini avant notre retour.

Nous avons, par rapport au moment présent, cinq moments, deux dans le passé, un dans le présent et deux dans l'avenir. Au subjonctif, la langue de tous les jours ne dispose plus que de deux temps pour rendre compte de ces cinq moments:

Je doute

qu'il soit déjà venu avant cela.
qu'il soit venu le mois dernier.
qu'il vienne aujourd'hui.
qu'il vienne demain.
qu'il ait fini avant notre retour la semaine prochaine.

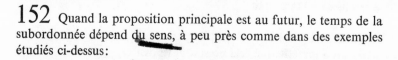

152 Quand la proposition principale est au futur, le temps de la subordonnée dépend du sens, à peu près comme dans des exemples étudiés ci-dessus:

Il saura
qu'ils étaient déjà venus auparavant.
qu'ils sont venus le mois dernier.
qu'ils viennent aujourd'hui.
qu'ils reviendront demain.
qu'ils auront fini avant son retour.

Au subjonctif, un même temps grammatical doit encore rendre compte de moments différents:

Il s'étonnera
qu'ils soient déjà venus auparavant.
qu'ils soient venus le mois dernier.
qu'ils viennent aujourd'hui.
qu'ils reviennent demain.
qu'ils aient fini avant notre retour la semaine prochaine.

Là où l'on a le choix entre le présent et un temps passé, le présent donne à la chose énoncée un caractère de vérité éternelle. Comparez:

Son père lui avait souvent dit que l'argent est plus difficile à gagner qu'à dépenser.

Son père lui avait souvent dit qu'il conduisait trop vite.

153 Dans la langue soutenue on trouve encore l'imparfait du subjonctif dans la subordonnée, lorsque le verbe de la principale est au passé. Cet emploi est limité à la troisième personne du singulier. Dans la langue parlée, il paraîtrait affecté. De plus en plus on accepte et même on recommande l'emploi du présent du subjonctif à la place de l'imparfait:

Il a regretté que cela ne fût pas possible.
Il a regretté que cela ne soit pas possible.

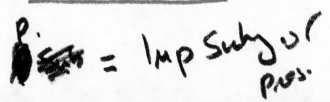

L'alternance du présent et de l'imparfait du subjonctif permet, dans certains cas, de montrer si l'action énoncée dans la subordonnée est encore à venir ou est déjà passée:

Il a demandé que la réunion fût ajournée.
(la réunion a déjà eu lieu)

Il a demandé que la réunion soit ajournée.
(Il a demandé hier que la réunion prévue pour aujourd'hui soit remise à demain.)

EXERCICES

A. Mettez les phrases suivantes au style indirect en les faisant commencer par « Il a dit » et en faisant les changements nécessaires:

1. Votre ami a raison.
2. Nous serons les bienvenus.
3. Vous auriez pu y penser plus tôt.
4. Je n'ai pas trouvé cela drôle.
5. Je serai prêt demain.
6. Je serais prêt à le faire s'il m'aide.
7. A ce moment-là, je n'aurai pas encore fini.
8. J'avais mal dormi cette nuit-là.

B. Mettez au style indirect les phrases suivantes en les faisant commencer par les mots entre parenthèses. Il conviendra dans certains cas de changer les pronoms et de répéter le **que** quand la clarté de l'énoncé l'exige, les phrases de chaque énoncé n'en formant plus qu'une seule.

1. Lundi la cabane sera terminée et si le temps le permet nous y déjeunerons. (Il m'a promis . . .)
2. Il me faut rentrer dîner, mais on pourra se revoir demain. (Je lui ai répondu . . .)
3. Il se fait tard. Mes parents doivent m'attendre. D'ailleurs il faut aussi que tu te prépares à sortir, car tu as un rendez-vous. (Tu m'as dit . . .)

4. Je me le procurerai demain matin. Mais demain, c'est lundi, et les librairies seront fermées; mardi matin je suis pris toute la journée, de sorte qu'il faudra attendre mercredi. (Il s'est dit . . .)

C. Transformez les phrases suivantes en propositions subordonnées de la principale « Je doute que . . . »

Exemple: Il viendra aujourd'hui.
Je doute qu'il vienne aujourd'hui.

1. Il n'a pas été prévenu.
2. Elle est au courant.
3. Il fera beau demain.
4. Vous serez rentré à temps.
5. Vous l'aurez déjà vu à ce moment-là.

D. Les phrases suivantes appartiennent à la langue de tous les jours. Transcrivez-les en les modifiant légèrement pour leur donner un caractère littéraire.

1. On s'étonna que si peu de gens soient venus.
2. On tolérait seulement qu'ils viennent à la porte du cimetière.
3. Il était d'accord pour que chacun reçoive ce à quoi il avait droit.
4. Chacun, en recopiant, arrangea le style à sa façon pour que la collaboration ne soit pas trop visible.
5. Il n'était pas sûr que ce soit lui qu'elle veuille voir.

III

Problèmes de Structure

Les voix passive et pronominale

154 Dans les deux langues on trouve des phrases à la voix active et à la voix passive. Cependant on remarque que le français a moins recours au passif que l'anglais. Cela tient à ce qu'il fait un usage plus étendu du pronom indéfini **on**, et aussi de la forme pronominale. Ainsi le passif anglais peut, suivant les cas, aboutir à l'une des trois constructions suivantes:

a. *The package was shipped on the 21st.*
Le colis a été expédié le 21.

b. *The steeple of the church could be seen on the left.*
On voyait le clocher de l'église sur la gauche.

c. *Butter is sold by the pound.*
Le beurre se vend à la livre.

La difficulté est évidemment de distinguer entre ces trois équivalents. Dans *a*, peu importe par qui le colis a été expédié: ce qui compte, c'est la date. L'exemple *b* implique qu'il y a quelqu'un qui regarde le paysage, mais il n'est pas nécessaire de dire qui; quiconque se serait trouvé là au même moment aurait vu la même chose. Enfin il convient de remarquer à propos de *c* que la forme pronominale en français est apte à rendre l'habituel; c'est l'usage de vendre le beurre à la livre.

155 Une autre raison de la moindre fréquence du passif en français, c'est qu'on ne peut y mettre que les verbes transitifs directs, alors qu'en anglais un verbe peut être au passif quel que soit son régime. Il arrive qu'un verbe à régime indirect (donc avec une ou deux prépositions) corresponde en français à un verbe transitif, ce qui permet de garder le passif si on le juge opportun:

His bed had not been slept in.
Son lit n'avait pas été défait.

This practice was done away with several years ago.
Cette façon de procéder a été abandonnée il y a plusieurs années.

He was shot at.
On a tiré sur lui.

He has never been heard of since.
On n'a plus jamais entendu parler de lui.

156 Enfin le français évite le double régime direct, dont l'anglais s'accommode fort bien. On enseigne les enfants, et on enseigne le calcul, mais on enseigne le calcul aux enfants. Cela veut dire que **enseigner** peut s'employer avec le complément direct de la personne ou de la chose enseignée, mais que si les deux compléments sont juxtaposés, l'un d'eux, celui de la personne, devient indirect. Le cas de **enseigner** n'est d'ailleurs pas caractéristique. Le plus souvent un verbe n'a qu'une sorte de complément direct, celui de la chose. C'est le cas de **donner**, **promettre**, **refuser** en face de ***to give***, ***to promise***, ***to refuse*** (pour ne citer que quelques exemples) qui peuvent avoir deux compléments directs et se mettre au passif de deux façons:

This watch was given to me for my birthday.
I was given this watch for my birthday.

Ces deux phrases aboutissent à:

> Cette montre m'a été offerte pour mon anniversaire.
> On m'a offert cette montre pour mon anniversaire.
>
> (Cette dernière phrase est plus idiomatique que la précédente.)

De même:

> *He was refused the visa.*
> On lui a refusé le visa.
>
> *Permission was refused.*
> L'autorisation a été refusée.

157 Les verbes de perception, voir et entendre, ne peuvent être qu'à la voix active quand ils sont suivis d'un autre verbe:

> *He was seen to leave the house.*
> On l'a vu sortir de la maison.
>
> *He was never heard to complain.*
> On ne l'a jamais entendu se plaindre.

Le français ne peut pas non plus rendre au passif la nuance que l'anglais exprime par l'emploi du verbe être et du participe présent:

> *This circular is being sent to all our subscribers.*
> Cette circulaire est envoyée à tous nos abonnés.

Cependant il peut marquer cette nuance à la forme active (voir 141):

> *The letter was being typed.*
> On était en train de taper la lettre.

158 Le verbe pronominal anglais se rend généralement par un verbe pronominal français, mais il y a beaucoup de verbes pronominaux français qui correspondent en anglais à des verbes actifs. Ce sont ceux dont le sens réfléchi est presque effacé. Comparez les deux séries d'exemples ci-après:

Il s'est coupé en se rasant.
He cut himself while shaving.

Il se hissa jusqu'à la crête du mur.
He pulled himself up to the top of the wall.

Cet enfant sait s'habiller.
This child can dress himself.

Dans ces trois cas le verbe pronominal a un sens littéral. Dans le premier des exemples suivants, le sens réfléchi est déjà très atténué. Il disparaît dans les deux derniers:

Il se leva et s'habilla.
He got up and dressed.

Ses livres se vendent bien.
His books sell very well.

Cela se met par-dessus.
It goes on top.

159 Le français emploie un verbe pronominal là où l'anglais a recours au verbe *to get* (ou à l'un de ses synonymes) suivi d'un participe passé:

Vous allez vous mouiller.
You'll get wet.

Il n'a pas tardé à s'en lasser.
He soon got tired of it.

Ils se sont perdus dans les bois.
They got lost in the woods.

EXERCICES

A. Traduisez:

1. I was told that he was willing to do it.
2. We were given to understand that we would find him here.
3. The doctor was sent for.
4. He was allowed ten minutes to get ready.
5. He was shown into a very large room.
6. We are to be shown around the plant.
7. This list is being sent to our overseas customers only.
8. The matter is being investigated by the committee.

B. Traduisez:

1. Don't get your feet wet.
2. The eggs got broken when she dropped the basket.
3. He always washes in cold water.
4. If he is not careful, he'll get caught.
5. The back door opened and a man came in.
6. He got drowned while trying to rescue a child.
7. His book is selling better than last year.

Le tour factitif: faire faire

160 Il arrive qu'on veuille exprimer l'idée qu'on ne fait pas soi-même quelque chose, mais qu'on s'arrange pour que ce soit fait par quelqu'un d'autre. On emploie alors une expression dite factitive ou causative. Parfois aussi cette idée est rendue par un verbe simple. C'est le cas en anglais plus souvent qu'en français. Beaucoup de verbes anglais peuvent en effet être neutres ou factitifs. Ainsi: ***to boil*** veut dire **bouillir** ou **faire bouillir**:

Water boils.	L'eau bout.
Boil some water.	Faites bouillir de l'eau.

Le tour factitif est très simple en français, où l'on peut mettre **faire** devant presque n'importe quel verbe à l'infinitif, y compris **faire** lui-même:

Il fait faire ses complets par un tailleur anglais.
He has his suits made by an English tailor.

161 Quand le verbe à l'infinitif a un sujet, celui-ci est en même temps complément direct du verbe **faire**:

Il le fait lire.
He has him read.

Cependant si l'infinitif a un complément direct, son sujet devient le complément indirect du verbe **faire**. Le français évite en effet l'enchaînement de deux compléments directs (voir 167).

Il **lui** fait lire des livres français.

Après **faire**, un verbe pronominal peut s'employer sans son réfléchi:

Fais-le taire.
Il le fit asseoir à côté de lui.

162 Le tour factitif peut s'employer à la forme pronominale:

Il se fait construire une nouvelle maison.
He is having a new house built.

Il se fit servir à déjeuner.
He ordered lunch.

Il sait se faire obéir.
He knows how to be obeyed.

Il peut se faire comprendre.
He can make himself understood.

Si on disait, « *He made himself understand,* » l'équivalent français serait: « Il s'efforça de comprendre, il fit un effort pour comprendre ». Pour cette alternance de l'infinitif et du participe passé, voir 169.

Contrairement à ce qui est possible en anglais, le tour factitif ne se met pas au passif.

On l'a fait recommencer.
He was made to do it again.

Il n'aime pas qu'on le fasse attendre.
He does not like to be kept waiting.

163 Pour dire qu'on donne à quelqu'un ou à quelque chose une certaine [redacted]glais emploie ***to make*** devant un adjectif, alors que le français a recours à **rendre** et non à **faire**:

> Cela l'a rendu très heureux.
> *It made him very happy.*
>
> Son absence a rendu ma tâche plus difficile.
> *His absence made my task harder.*

164 **Laisser** peut, comme **faire**, s'employer devant un infinitif. On a ainsi **laisser faire** à côté de **faire faire**:

> Laissez-moi passer.
> *Let me through.*
>
> On l'a laissé partir.
> *He was allowed to go.*

Les deux verbes **laisser** et **faire** font corps avec l'infinitif qui les suit. Ils entraînent l'inversion de l'infinitif et de son sujet quand ce sujet est un nom. Comparez:

> Il les fait attendre.
> Il fait attendre tout le monde.
>
> Il nous a laissé entrer.
> Il a laissé entrer tout le monde.

Cependant la cohésion de **laisser** avec son infinitif est moindre que celle de **faire**. **Laisser** peut être séparé du verbe qui le suit par le sujet de celui-ci, surtout quand ce second verbe a un complément. Comparez:

> Il a **laissé** son fils **étudier** à sa guise.
> Il a **fait faire** de solides études à son fils.

165 Avec **faire**, et quelquefois aussi avec **laisser**, le sujet du verbe qui suit peut être précédé de **à** ou de **par**:

Il a fait taper la lettre à la secrétaire.
Il a fait taper la lettre par la secrétaire.
He had the secretary type the letter.

Il en a laissé prendre à ses enfants.
He let his children have some.

Dans certains cas, il y aurait équivoque sans le contexte:

Il a fait écrire une lettre à Pierre pour se plaindre.
He had Pierre write a letter of complaint.
He had a letter of complaint written to Pierre.

Si c'est Pierre qui a écrit la lettre, **par** est préférable:

Il a fait écrire une lettre de réclamation par Pierre.

Mais c'est **à** qu'il faut employer quand l'action demandée ou commandée profite à celui qui l'exécute:

Ce professeur fait faire beaucoup de progrès à ses élèves.

166 Le tour **faire** + verbe à l'infinitif correspond à plusieurs expressions anglaises:

What caused her to change her mind so suddenly?
Qu'est-ce qui l'a fait changer d'avis si vite?

He makes them review constantly.
Il leur fait faire des révisions constamment.

He would have us believe that he did it unaided.
Il veut nous faire croire qu'il l'a fait tout seul.

I must have my watch fixed.
Il faut que je fasse réparer ma montre.

We got him to talk of his trip.
Nous l'avons fait parler de son voyage.

He kept me waiting.
Il m'a fait attendre.

I'll let you know.
Je vous le ferai savoir.

He sent word he could not come.
Il a fait dire qu'il ne pouvait pas venir.

Beaucoup de verbes anglais sont implicitement factitifs. Pour les rendre en français il faut expliciter leur sens factitif au moyen de **faire** + un infinitif. Exemple:

to shush	faire taire
to revive	faire revivre
	faire renaître
to charge	faire payer
to pass around	faire circuler
to fatten	faire grossir (cf. *it's fattening*)
to release	faire jouer (un ressort)
to hurry a person	faire dépêcher quelqu'un

De plus, comme il a été dit plus haut, le même verbe anglais peut être neutre et factitif:

The flag flaps in the wind.
Le drapeau claque au vent.

The wind flapped the wash hung out in the garden.
Le vent faisait claquer le linge étendu dans le jardin.

EXERCICES

A. Formez une phrase avec chacune des dix séries qui suivent, en mettant les éléments de phrase dans l'ordre qui convient, en utilisant, à la forme factitive, l'un des verbes donnés ci-après, et en ajoutant les mots nécessaires pour que la phrase soit complète et correcte. Les verbes sont à l'infinitif pour laisser plus de latitude dans l'emploi des temps.

Exemple: Il . . . son appartement.
Verbe à utiliser: remettre à neuf.
Il a fait remettre à neuf son appartement.

1. Le professeur . . . ses élèves . . . le plus possible . . .
2. Cet étudiant . . . sa thèse . . . un de ses camarades . . .
3. Il . . . sa nouvelle machine . . . savoir . . .
4. On . . . sa montre . . . l'horloger . . . porter . . . pour . . .
5. Le propriétaire . . . arbre . . . décider . . . menacer . . . tomber sur la maison . . .
6. Sa famille . . . Paul . . . les épreuves de sa captivité . . . essayer . . .
7. Il . . . le texte . . . en soixante exemplaires . . .
8. Le directeur . . . sa secrétaire . . . dicter son courrier . . .
9. Il . . . les épreuves . . . quelqu'un d'autre . . .
10. . . . le réservoir . . . avant . . . partir . . .

Verbes à utiliser: abattre, corriger, marcher, oublier, parler, polycopier, remplir, réparer, taper, venir.

B. Traduisez en français:

1. He had me do it all over again.
2. Have them check all the invoices.
3. She was made to rehearse the part.
4. You'll get yourself arrested.
5. He refused to let people in while the piece was being played.
6. Let me know as soon as you can.
7. Show them in.
8. Don't keep him waiting.
9. The cold makes glass more brittle.
10. It was decided to have all exits watched.

Articulation

167 Deux actions peuvent être liées dans notre esprit et dans ce que nous disons, soit par coordination, soit par subordination.

Je répète la phrase et vous l'écrivez.
(coordination)
Je répète la phrase pour que vous l'écriviez.
(subordination)

La coordination et la subordination sont les deux principales formes d'articulation. Les phrases qui constituent un paragraphe, les propositions qui constituent une phrase sont articulées entre elles de l'une ou l'autre de ces deux façons. Il y en a une troisième, la juxtaposition, qui traduit souvent une articulation implicite. Celui qui parle ou qui écrit a donc le choix entre ces procédés. Il peut aussi décider de l'ordre dans lequel les éléments articulés se succèdent.

Par exemple, en anglais, une subordonnée commençant par *as* et donnant une explication peut précéder ou suivre la principale. Le français peut faire de même, mais à condition de changer de conjonction.

Comme le temps était menaçant, ils décidèrent de remettre l'excursion au lendemain.
Ils décidèrent de remettre l'excursion au lendemain, car le temps était menaçant.

Autre exemple d'articulation:

Un verbe peut avoir deux compléments directs, mais, en français, ils ne peuvent lui être adjoints consécutivement, car alors l'un d'eux devient indirect (voir 156).

On paye un prix, et on paye quelqu'un. Mais on paye à quelqu'un le prix de quelque chose.

Les autres chapitres de ce livre offrent de nombreux exemples d'articulation. Dans celui-ci on trouvera des structures d'articulation particulières au français.

168 Après les verbes de perception (voir, entendre, etc.), le verbe exprimant ce qui est perçu peut être à l'infinitif. Il peut aussi être placé dans une proposition relative. Supposons que l'on veuille articuler les deux énoncés suivants:

Il monte l'escalier. Je l'entends.
On dira: Je l'entends monter l'escalier.
Je l'entends qui monte l'escalier.

Il est à noter que dans ce cas le français n'emploie pas le participe présent. Autres exemples:

On entendit démarrer l'auto.
They heard the car drive away.

Je l'ai vu entrer, mais je ne l'ai pas vu sortir.
I saw him go in but I did not see him come out.

On voit les passants qui s'arrêtent aux étalages.
We can see passersby stopping to look at the store windows.

Il y a une légère différence entre l'infinitif et la proposition relative. Celle-ci donne davantage le tableau de ce qui se passe. L'infinitif met l'accent sur l'action observée en l'isolant des circonstances. Ce choix entre l'infinitif et la relative n'existe pas pour apercevoir qui ne peut être suivi que de la relative:

Je l'aperçois qui traverse la rue.

169 Lorsque le verbe de l'action perçue n'a pas de complément, le français met volontiers ce verbe avant son sujet si ce sujet est un nom. Comparez:

Je le vois venir. Je vois venir Paul.

On peut dire indifféremment:

J'entends danser les voisins.
J'entends les voisins danser.

D'une façon générale, l'inversion du verbe et du sujet a lieu quand l'équilibre de la phrase l'exige. C'est ainsi qu'on dira plutôt: « Je vois venir Paul » que « Je vois Paul venir ».

Quand le verbe subordonné a un complément, l'inversion n'est pas possible.

Je vois Paul descendre de l'autobus.
J'entends souvent leur fille jouer du piano.

Les verbes de perception sont suivis de l'infinitif dans des cas où logiquement (et suivant l'usage anglais) on attendrait un participe passé. Comparez:

Je l'ai entendue chanter.
(c'est à-dire, j'ai entendu la chanteuse)
I heard her sing.

Je l'ai entendu critiquer.
(c'est-à-dire, j'ai entendu quelqu'un le critiquer)
I heard someone criticizing him.

Je l'ai vu emmener à l'hôpital après l'accident.
I saw him being taken to the hospital from the scene of the accident.

170 Beaucoup de verbes français peuvent être suivis d'un infinitif, mais, en dehors des verbes de perception, cet infinitif n'a pas de sujet, de sorte qu'il n'y a pas de proposition infinitive complète. Quand le sujet d'un verbe subordonné est le même que celui du verbe principal, il n'est pas nécessaire de le répéter, et dans certains cas (voir 139), la répétition du sujet est incorrect. On ne dira pas: « Je le ferai avant que je parte. » Cependant, après certains verbes tels que **croire, dire, déclarer,** on peut employer l'infinitif ou la proposition complétive avec répétition du sujet et du verbe à un mode personnel:

Je crois pouvoir le faire.
Je crois que je peux le faire.

Il déclare être prêt à partir.
Il déclare qu'il est prêt à partir.

Après **aller et venir** à l'impératif, le verbe subordonné est à l'infinitif:

Venez dîner avec nous.
Come and have dinner with us.

Allez le prévenir.
Go and tell him. (*Go tell him.*)

171 La proposition infinitive, dans laquelle le verbe est à l'infinitif, le sujet n'étant pas toujours exprimé, ne s'emploie plus guère en français qu'après certains verbes, dont les verbes de perception (voir plus haut). Elle est possible après **faire** et **laisser** (voir 161, 164) et aussi après des verbes comme **savoir**, **croire**, **penser**, **supposer**, **dire**, lorsqu'ils sont employés dans des propositions relatives introduites par le pronom relatif objet **que**:

> Je n'en ai parlé qu'à une seule personne, que je savais être déjà au courant.
> *I mentioned it to only one person who I knew had already been told.*

Mais si on voulait faire de la subordonnée relative une principale, on ne pourrait plus garder le verbe à l'infinitif. Il faudrait dire: Je savais que cette personne était au courant.

172 La proposition infinitive n'est pas possible là où elle l'est en anglais, soit après des verbes de volonté, soit quand elle est introduite par ***for***:

> Je voudrais que vous le fassiez.
> *I want you to do it.*

> Il tenait beaucoup à ce que vous soyez invité.
> *He was anxious for you to be asked.*

> C'est trop lourd pour qu'il puisse le soulever.
> *It's too heavy for him to be able to lift it.*

> Il est à peu près impossible aux adultes de parler une langue étrangère sans accent.
> *It is almost impossible for adults to speak a foreign language without an accent.*

173 Les mots s'articulent suivant leur nature: la préposition appelle un nom (ou un infinitif), la conjonction appelle un verbe à un mode personnel.

En anglais une préposition peut être suivie d'une conjonction. Cette construction n'est pas possible en français. Il faut lier les deux éléments autrement:

> *We'll have some idea of how much he wants to do it.*
> Nous aurons quelque idée de l'importance qu'il attache à la chose.
>
> *He was pretty vague about where the incident was supposed to have happened.*
> Il n'a donné que de très vagues indications sur l'endroit où l'incident se serait produit.
>
> *It will depend on whether we can get financial support.*
> Cela dépendra des appuis financiers que nous pourrons obtenir.

EXERCICES

A. Avec les deux phrases *a* et *b* de chaque série, faites une seule phrase *a b* ou *b a*. D'après le sens qui se dégage de leur juxtaposition choisissez l'ordre dans lequel elles doivent se suivre et la façon de les articuler l'une à l'autre. Supprimez les mots devenus inutiles. Là où deux constructions sont possibles, donnez-les toutes les deux.

Exemple: *a.* Il pleut.
b. Nous ne sortirons pas.
b.a. Nous ne sortirons pas parce qu'il pleut.
a.b. Puisqu'il pleut, nous ne sortirons pas.

1. *a.* Je le vois.
   b. Il travaille dans son jardin. (2 possibilités)
2. *a.* Nous les entendions.
   b. Ils chantaient et dansaient dans le café du rez-de-chaussée. (2 possibilités)

3. *a.* J'aurai le temps de m'en occuper demain.
   b. Je le pense. (2 possibilités)

4. *a.* Je me serais trompé?
   b. Je ne le crois pas. (2 possibilités)

5. *a.* Il ne se souvient de rien.
   b. Il le déclare. (2 possibilités)

6. *a.* Je lui en parlerai avant.
   b. Je le ferai après.

B. Traduisez:

1. He wanted me to come and see him right away.
2. Why don't you go and ask him?
3. He was eager for us to make the offer.
4. We'll go and visit him at his summer place.
5. It is too far for us to leave tonight.
6. It is impossible for him to arrive that soon.
7. It is too wide for anyone to jump across.
8. The house I knew he wanted was not for sale.

8 · La maison que je

Explicitation — Symétrie — Séquences

174 On a vu (33) que le français remplace l'ellipse par la représentation de la chose déjà mentionnée dans des phrases du type « Comme je l'ai déjà rappelé tout à l'heure ».

D'une façon générale, et contrairement à ce qui se passe en anglais, les mots de liaison ne sont pas sous-entendus; ils apparaissent dans le discours. C'est le cas de:

a. la conjonction **que**:

Je vous ai dit que je le ferais.
I told you I would do it.

b. le pronom relatif complément direct du verbe:

Le monsieur que nous avons rencontré hier . . .
The man we met yesterday . . .

c. le pronom relatif complément indirect du verbe:

Les gens avec qui je suis venu . . .
The people I came with . . .

Le jeune homme à qui vous avez parlé dans le train . . .
The young man you spoke to on the train . . .

d. les mots qui introduisent le complément déterminatif d'une indication de lieu ou de temps:

Le jour où il est venu nous voir . . .
The day he came to see us . . .

La veille du jour où j'ai reçu sa lettre . . .
The day before I received his letter . . .

Il n'y a pas d'endroit où s'asseoir.
There's no place to sit.

e. l'article devant les noms juxtaposés:

Les fourchettes, les cuillers et les couteaux étaient éparpillés sur la table.
The knives, forks, and spoons were strewn all over the table.

Cependant quand les objets forment une catégorie, on peut ne pas répéter l'article:

nos parents et amis
our relatives and friends

les lettres et imprimés
first and second class mail

f. les prépositions devant les noms ou pronoms coordonnés, quand elles ont une valeur idiomatique et n'ont pas de sens par elles-mêmes:

Cela dépend de vous et de moi.
It is up to you and me.

Il s'attendait à l'indifférence et au mépris.
He expected indifference and contempt.

Quand les prépositions ont un sens analysable, la répétition est facultative:

Je le ferai pour vous et (pour) vos parents.
I'll do it for you and your parents.

dans les chambres et (dans) les couloirs du premier
in the rooms and passages on the second floor

175 Le français est plus exigeant que l'anglais en ce qui concerne la symétrie des éléments coordonnés. Ils doivent être de même nature et avoir la même construction. L'ordre des mots s'en trouve modifié. Comparez:

> La différence entre ce chapitre et les précédents . . .
> *The difference between this and the preceding chapters . . .*
>
> La nouvelle génération n'était pas responsable de la guerre, bien qu'elle y eût participé.
> *The new generation had no responsibility for, even though it participated in, the war.*
>
> Il sera intéressant de voir comment ils répondront à nos arguments, à supposer qu'ils le puissent.
> *It will be interesting to see what, if any, defense they will find against our arguments.*

176 L'ordre des mots est à peu près le même en français et en anglais. Les deux langues pratiquent l'inversion, mais leurs inversions ne se correspondent que partiellement. A l'encontre de l'anglais, le français pratique l'inversion:

a. du verbe et du sujet dans les incises:

> Je vous en apporterai un, **dit-il.**
> *I'll bring you one, **he said**.*
>
> Il n'y en a plus, **répondit Hélène**.
> *There is no more, **Helen replied**.*

b. du verbe à un temps composé et de certains adverbes et pronoms indéfinis:

> Il n'a rien dit.
> *He said nothing.*
>
> Il a tout fini.
> *He finished everything.*

Nous avons beaucoup appris.
We learned a great deal.

J'ai très mal répondu à cette question.
I answered that question poorly.

c. du verbe et du nom sujet dans les interrogations indirectes si le verbe n'a pas de complément normalement postposé:

Il ne savait pas où **était la bibliothèque**.
*He didn't know where **the library was**.*

Il vous demande à quelle heure **part le train.**
*He's asking you what time **the train leaves**.*

mais

Il demande à quelle heure le train a quitté Paris.

d. du verbe et du sujet après **peut-être**, **aussi** (au sens de ***therefore***), **du moins**, **sans doute**, **surtout** dans la langue soignée:

Peut-être viendra-t-il.
Aussi sommes-nous prêts à le faire.
Du moins a-t-il fait de son mieux.
Sans doute aurait-il pu partir plus tôt.

Comme en anglais, le français met le sujet après le verbe dans une phrase commençant par **à peine** (***hardly***):

A peine fut-il assis que la séance commença.
Hardly had he sat down when the meeting came to order.

177 Par contre il n'y a pas d'inversion en français dans des phrases commençant par des expressions négatives ou intensives:

Pas une fois il ne s'est plaint.
Not once did he complain.

Non seulement il lui a prêté de l'argent, il lui en a aussi donné.
Not only did he lend him money, he also gave him some.

Il ne tient pas à y aller et il ne croit pas non plus que vous vous y plairiez.
He doesn't want to go, nor does he think you would like it there.

Il était si fatigué qu'il pouvait à peine se tenir debout.
So tired was he that he could hardly stand.

Dans ce dernier exemple il convient de remarquer que l'inversion est possible, mais non obligatoire, en anglais, et qu'elle n'est pas possible en français.

EXERCICES

A. Traduisez:

1. He wrote to say he could not come.
2. The books I borrowed from you helped me a great deal.
3. The people she traveled with are from Belgium.
4. It depends on you and your friends.
5. Here are some of the things he touched on in his talk.
6. The person it was lent to never returned it.
7. The books were stacked on the tables and chairs until the bookcase was ready.

B. Traduisez:

1. They are ready for and in fact demand more autonomy.
2. The change took place during that and the preceding decade.
3. The program was inaugurated at the request of and with financial assistance from industry.

C. Traduisez et donnez deux traductions lorsque l'inversion est possible mais non nécessaire:

1. Do you know when the students register?
2. Perhaps he will be able to help you.
3. They were therefore surprised he did not want to come.
4. Ask him where the Duponts live.
5. Not only does he refuse for himself, he also tries to discourage other people.
6. I can't, nor do I believe you can.

Segmentation de l'énoncé et mise en relief

178 Dans la langue parlée on use beaucoup de la SEGMENTATION aussi bien pour affirmer que pour interroger (voir 187). Sous sa forme la plus usuelle, la segmentation consiste à scinder un énoncé en deux segments dont le premier donne l'essentiel de la pensée, tandis que le second en identifie certains termes qui risqueraient autrement d'être obscurs:

> Nous l'avons vu, ce film.
> (1er segment) (2e segment)
>
> Il arrive demain, son père.
> (1er segment) (2e segment)

Ce film, son père sont des segments qui explicitent respectivement les pronoms **l'** et **il**.

La segmentation peut être double:

> Il ne le savait pas, Antoine, que son fils était malade.

La phrase non segmentée serait: Antoine ne savait pas que son fils était malade.

On remarquera que dans chacun de ces énoncés le segment qui précède la première virgule pourrait se suffire à lui-même. Mais la personne qui parle semble prise d'un scrupule à l'égard de son interlocuteur qui ne sait peut-être pas de qui et de quoi il s'agit. D'où ces identifications après coup.

La motivation de la segmentation peut être différente quand les noms précèdent les pronoms. On y décèle une intention plus ou moins consciente de mettre en relief le segment détaché, plutôt que le désir d'expliquer ce qui vient d'être dit:

Son frère, on n'en entend jamais parler.
Les outils, on n'en prend jamais trop soin.

On voit que dans une phrase segmentée un élément figure deux fois: cet élément est généralement un nom annoncé ou repris par un pronom. Quand ce nom est employé avec l'article partitif ou quand il est le complément d'un verbe qui se construit avec **de** (ex: **parler de**), le représentant est naturellement **en**.

179 En anglais, la MISE EN RELIEF se fait généralement au moyen de l'accent. Cet accent, distinct de l'accent tonique de chaque mot, porte sur le mot que l'on veut mettre en relief. En français, chaque mot isolé est accentué sur la dernière syllabe, mais les mots faisant partie d'un GROUPE RYTHMIQUE se désaccentuent au profit du dernier qui porte sur sa dernière syllable l'accent du groupe. Comparez: « nouveau » et « son nouveau livre ».

Le groupe rythmique est en même temps une unité accentuelle et une unité de sens. Une phrase française comprend un ou plusieurs groupes rythmiques. Il y a autant d'accents de groupe que de groupes, chaque groupe étant accentué sur sa dernière syllabe.

1er groupe	2e groupe
Je m'en suis aper**çu**	dès mon arri**vée**.

En français aussi, l'accent de phrase joue un rôle dans la mise en relief. Mais comme cet accent ne peut se déplacer librement le long de l'énoncé, il faut s'arranger pour que l'élément à mettre en relief termine un groupe rythmique. C'est ce qui arrive avec les tours de présentation et de mise en relief tels que **il y a, voilà, c'est . . . qui, c'est . . . que, c'est . . . dont, c'est . . . auquel**:

Il y a des gens qui soutiennent le contraire.
Voilà Paul qui rentre du bureau.
C'est lui qui a tout fait.

180 De même qu'en anglais on peut accentuer tour à tour la plupart des mots d'une phrase, de même en français on peut, au moyen de **c'est . . . qui,** mettre en relief les différents termes d'un énoncé. Ainsi la phrase

Il m'a donné ce livre pour mon anniversaire.

deviendra:

C'est lui qui m'a donné ce livre pour mon anniversaire.
He *gave me this book for my birthday.*

C'est ce livre qu'il m'a donné pour mon anniversaire.
He gave me ***this*** *book for my birthday.*

C'est pour mon anniversaire qu'il m'a donné ce livre.
He gave me this book for my ***birthday****.*

Le tour **c'est . . . qui** ne peut porter sur un verbe. Pour mettre un verbe en relief il faut le mettre en position accentuée. Par exemple, au lieu de « Il m'a donné ce livre » on pourra dire: « Ce livre, il me l'a donné » pour indiquer qu'il ne me l'a ni prêté ni vendu, qu'il me l'a vraiment donné.

Le tour **c'est . . . qui** s'emploie normalement au présent même quand il figure dans une phrase dont le verbe principal est au passé, car la chose est vue du présent:

C'est son frère qui l'a aidé à acheter sa maison.

Cependant il arrive que **c'est** ait une valeur temporelle, auquel cas il se met au temps exigé par le sens. Ainsi grâce à l'imparfait on se remet dans la situation évoquée. Il n'est alors plus question de mise en relief:

> Quel était ce bruit? C'était le locataire du dessus qui battait ses tapis.

Dans **c'est . . . qui**, le pronom relatif change de forme suivant sa fonction.

> **C'est lui qui** m'en a parlé le premier.
> **C'est la lettre que** je viens de recevoir.
> **C'est le jeune homme dont** je vous ai parlé.
> **C'est celui à qui** je me suis adressé.

181 Les pronoms personnels, sujets ou compléments sans préposition, ne reçoivent pas l'accent. Pour les mettre en relief, il faut les redoubler, ou, s'ils sont atones, les faire précéder de leur forme tonique:

> **Vous, vous** irez, mais **moi, je** resterai ici.
> *You will go, but I will stay.*
>
> Il **vous** l'a dit **à vous**, il ne **me** l'a pas dit **à moi**.
> *He told **you**; he did not tell **me**.*

On peut aussi utiliser le tour **c'est . . . qui, c'est . . . que**, etc.

> **C'est vous qui** irez et **c'est moi qui** resterai.
> **C'est à vous qu**'il l'a dit et **non à moi**.

182 Une autre mise en relief consiste à faire avec le mot visé une proposition séparée, qui devient la proposition principale:

> Il viendra **probablement** demain.
> **Il est probable qu**'il viendra demain.

Il est ici **depuis quinze jours.**
Il y a quinze jours qu'il est ici.

A **est très différent de** B.
Il y a une grande différence entre A **et** B.

183 La mise en relief, là où elle est demandée par le sens, apparaît toujours en anglais dans la langue parlée, grâce à l'accent. Dans la langue écrite le soulignement ou les italiques remplacent l'accent, mais on n'y a pas toujours recours. En français cette ambiguïté n'existe pas, car la mise en relief est d'ordre syntaxique autant qu'accentuelle.

1er exemple
The battle went on with Dubail and Castelnau uncertain how long they could hold or ***whether*** *they could hold.*
Dubail et Castlenau poursuivirent la lutte sans savoir combien de temps ils tiendraient, **ni si seulement** ils pourraient tenir.

2e exemple (échange de remarques entre un inspecteur de police et un témoin qu'il soupçonne)
"*I always figured you were too smart to go for murder.*"
« Je me suis toujours dit que vous n'étiez pas assez bête pour commettre un meurtre. »
"*I* ***am*** *too smart.*"
« **C'est tout à fait vrai.** » « **Vous ne vous trompez pas.** »

3e exemple
They know that about half the men in their age group will not serve and they see no reason why ***they*** *should.*

De toute évidence, la phrase n'a pas le même sens suivant qu'on accentue ou qu'on n'accentue pas le troisième ***they***. En fait, le contexte indique qu'on doit l'accentuer, ce qui donne en français:

Ils savent qu'environ la moitié des hommes de leur âge ne seront pas appelés et ils ne voient pas pourquoi **eux, ils** le seraient.

184 Il existe en français un accent d'insistance ainsi appelé parce qu'il est plus fort que l'accent tonique. Cet accent peut être affectif ou intellectuel. Dans le premier cas, il aide le mot à rendre plus fortement le sentiment que ce mot exprime déjà. Dans le second, il permet de faire des distinctions.

Exemple d'accent affectif:

C'est **for**midable! C'est in**cro**yable!

L'accent affectif porte sur la syllabe initiale quand celle-ci commence par une consonne et sur la syllabe suivante dans le cas contraire.

Exemple d'accent intellectuel:

Cet homme n'est pas **im**moral, il est **a**moral.

La distinction se fait ici entre l'immoralité (concept positif) et l'absence de moralité (concept négatif).

Tandis que l'accent affectif tombe sur la première syllabe qui commence par une consonne, l'accent intellectuel tombe sur l'élément du mot qui permet de faire la distinction.

EXERCICES

A. Segmentez les phrases suivantes:

1. On ne voit pas souvent votre ami.
2. Je vous parlerai une autre fois de cette affaire.
3. Son père sera de retour demain.
4. L'algèbre n'est pas très difficile.
5. Il ne travaille guère à son roman.
6. Ce brave homme aimait tant son fils. (double segmentation)
7. Il a dit à son patron que cela ne marcherait pas. (double segmentation)

B. Mettez en relief les mots en italique:

1. *Son frère* lui a trouvé cette situation.
2. Il a mal *à la jambe*.
3. Elle a fait ses études *à Paris*.
4. Il arrive *demain*.
5. Il n'a pas compris *cela*.
6. Il *nous* en a parlé.
7. *Il* prendra le train. *J*'irai en voiture. (2 possibilités)
8. Il vient d'acheter *la maison que vous voyez là-bas*.
9. Il m'a *prêté* et non *donné* ce livre.
10. Il viendra peut-être nous voir *ce soir*.
11. Nous étions partis *depuis deux mois*.
12. *Il* n'aura sûrement pas le temps de s'en occuper.

C. Traduisez en tenant compte de la mise en relief accentuelle en anglais:

1. He said he was busy. He was busy, but that was not the only reason.
2. You don't need to bother. When the time comes I'll take care of it.
3. Maybe you are not interested, but I am.

IV

Structure et Modalité

L'interrogation

185 On ne peut guère parler avec quelqu'un plus de quelques minutes sans avoir à poser une question. L'interrogation est donc un chapitre important dans un livre qui enseigne à parler et à écrire une langue.

Par interrogation, au sens où ce mot est employé ici, il faut entendre l'ensemble des mots et des tours dont une langue dispose pour interroger.

En français il y a lieu de distinguer deux types de question que nous appellerons simplement le type A et le type B.

TYPE A

186 Les questions du type A portent sur l'existence d'un fait:

Paul est-il venu ?

Avez-vous acheté une nouvelle voiture ?

Dans ce genre de question il n'y a pas de mots interrogatifs tels que **qui, quand, où, combien**, mais la phrase est quand même interrogative. Elle l'est de toute façon par son intonation; elle peut l'être aussi par la construction.

1. par l'intonation et par l'ordre des mots, c'est-à-dire par l'inversion:

   Avez-vous lu ce livre?

2. par l'intonation et par l'emploi de l'expression **est-ce que** qui évite l'inversion:

   Est-ce que vous avez lu ce livre?

3. par l'intonation seulement:

   Vous avez lu ce livre?

187 C'est, on l'a vu (178), une habitude du français parlé de segmenter les phrases. Aussi bien dans le cas des questions que dans celui des affirmations, le sujet ou le complément du verbe est représenté par un pronom et par un substantif:

Il est très gentil, **votre ami**.
Vous **le** verrez un autre jour, **ce film.**

Appliquée aux questions, la SEGMENTATION donne:

1. L'avez-vous lu, ce livre?
2. Est-ce que vous l'avez lu, ce livre?
3. Vous l'avez lu, ce livre?

Il y a donc, en tout, six formes interrogatives du type A, trois avec et trois sans segmentation.

TYPE B

188 Ce type de question s'emploie quand, la réalité étant déjà connue, on désire obtenir une précision complémentaire. Par exemple, je sais que quelqu'un est venu et je veux savoir qui. Ce

supplément d'information relève de domaines très différents, tels que l'identité, la profession, la date de naissance, le lieu de naissance, pour ne prendre que les questions de l'état civil. Bien entendu il y en a d'autres, que nous allons passer en revue en les classant d'après le centre d'intérêt auquel elles se rapportent. Dans chaque cas un élément essentiel de la question est le mot ou l'expression qui, dans la réponse, sera remplacé par le supplément d'information demandé.

1. l'identité

   Qui êtes vous?
   Qui a téléphoné tout à l'heure?
   Qui sont ces gens qu'on voit dans la mairie?

   Remarquons en passant que **qui** n'a qu'une forme pour le masculin, le féminin, et le pluriel.

2. l'âge

   Quel âge avez-vous?

3. la profession, c'est-à-dire le travail par lequel on gagne sa vie.

   Quelle est votre (sa) profession?

   Dans la conversation on dit souvent « Que faites-vous? », « Qu'est-ce que vous faites? » au sens non pas de *What are you doing?* mais de *What do you do for a living?*

4. la nationalité

   Deux tours s'offrent à nous. L'un est parallèle au précédent:

   Quelle est votre nationalité?

   De quelle nationalité êtes-vous?

5. la nature d'une chose, d'un objet

Qu'est-ce que c'est (que cela)?
Qu'est-ce que c'est que ce livre?

Quel genre de livre est-ce?
Quelle sorte de livre est-ce?

6. le choix

L'anglais marque le choix au moyen de ***which***, qui peut être adjectif ou pronom

Which book did you take?
Which is yours?

Le français dispose de **lequel**, **laquelle**, **lesquels**, **lesquelles** qui sont des pronoms, et de **quel**, **quelle**, **quels**, **quelles**, qui sont des adjectifs:

Lesquels préférez-vous? Ceux que vous avez montrés en premier.

Il s'agit d'objets déjà connus et entre lesquels on choisit.

Il convient de noter qu'il n'existe pas d'adjectif correspondant au pronom **lequel**. L'adjectif **quel** correspond aussi bien à ***what*** qu'à ***which***. Il peut en résulter une certaine ambiguïté. Cependant, dans la plupart des cas le pronom suffit, parce qu'on connaît déjà les choses ou les personnes faisant l'objet d'un choix. Comparez:

Quel livre avez-vous acheté? Un livre de Maurois.
What book did you buy? A book by Maurois.

Quel livre avez-vous acheté? Celui de Maurois.
Which book did you buy? The one by Maurois.

7. l'appartenance

A qui est ce livre? A qui appartient cette propriété?

Dans la maison de qui a-t-il logé?
At whose house did he stay?

8. la couleur

De quelle couleur est sa robe?

On peut aussi dire:

Quelle est la couleur de sa robe?

9. la forme

De quelle forme est-ce? C'est rond.
What shape is it? It is round.

Ce tour est parallèle à celui qui sert à interroger sur la nationalité, la couleur et les dimensions.

10. les dimensions

Là où l'anglais se contente du mot ***size*** pour désigner la grandeur des objets, le français distingue entre les dimensions d'une pièce, la taille d'un vêtement, la pointure d'un chapeau, d'une paire de chaussures ou d'une paire de gants, le format d'un livre ou d'une feuille de papier. Les questions varient en conséquence:

De quelles dimensions est cette salle?
ou
Quelles sont les dimensions de cette salle?

Quelle est votre taille?
Quelle est votre pointure?
(question que pose le vendeur quand on achète un vêtement, une chemise, un chapeau, des chaussures)

11. la matière

En quoi est-ce (fait)? C'est en cuivre.
What is it made of? It is made of copper.

12. l'usage

A quoi cela sert-il?
A quoi cela sert? Cela sert à couper.

13. le prix

Combien cela coûte-t-il?
Combien cela coûte?
C'est combien?

14. le poids

Combien cela pèse-t-il?
Combien cela pèse?
Combien pesez-vous?

15. la taille d'une personne

Combien mesurez-vous?
How tall are you?

Quel est votre tour de taille?
What is your waist measurement?

16. la cause

Pourquoi est-il venu?

17. la manière

Comment faites-vous cela?
Comment avez-vous appris le français?
Comment dit-on cela en français?

18. le lieu

Où habitez-vous?
A quel endroit l'accident s'est-il produit?

19. l'origine

D'où venez-vous?

20. l'itinéraire

Par où y êtes-vous allé?
Par où êtes-vous passé?
Which way did you go?

21. la distance (exprimée en unités)

A quelle distance est Boston de New York?
La gare est loin d'ici?
How far is Boston from New York?
How far is the station?

22. la distance parcourue (exprimée au moyen de la destination)

Jusqu'où êtes-vous allé?
How far did you go?

23. le temps qu'il fait

Quel temps fait-il?
What's the weather like?

24. le moment

Quand } est-il arrivé?
A quelle heure } est-il arrivé?
Quel jour } est-il arrivé?

En quel mois êtes-vous né?
En quelle saison tombent les pluies?

En quelle année cela s'est-il passé?
En quel siècle Louis XIV a-t-il régné?
Vers quelle époque est-il revenu aux Etats-Unis?

25. *a.* la durée prévue (en unités de temps)

Pour combien de temps êtes-vous venu?
Combien de temps serez-vous ici?
Je suis ici pour quinze jours.

b. la durée prévue (avec sa limite)

Jusqu'à quand restez-vous?
Je reste jusqu'à la fin du mois.

26. la durée accomplie ou à accomplir

    Pendant combien de temps l'avez-vous attendu?
    Combien de temps l'avez-vous attendu?

27. *a.* la durée en cours (mesurée en unités de temps)

    Depuis combien de temps êtes-vous ici?

    b. la durée en cours (comptée à partir d'un moment)

    Depuis quand êtes-vous ici?

28. la fréquence

    On peut interroger sur la fréquence de trois façons:

    a. en demandant le nombre de fois qu'une action a, aura, a eu lieu au cours d'une période.

    Combien de fois êtes-vous allé en Europe cette année-là?
    Combien de fois par jour doit-il prendre son médicament?

    b. en demandant si l'action a lieu souvent, pour amener l'interlocuteur à préciser.

    Vous arrive-t-il souvent d'aborder ce genre de question?

    c. en utilisant, si la périodicité est régulière, l'expression **tous les combien**?

    Tous les combien y a-t-il un car de Québec à Montreal?
    (Réponse: toutes les heures.)

    On a donc au moins trois façons de traduire ***How often***?

29. le délai

    Dans combien de temps serez-vous prêt?
    How soon will you be ready?

189 Il est possible d'éviter l'inversion dans les questions du type B comme dans celles du type A, et cela de deux façons.

1. On peut introduire **est-ce que**:

   A quoi est-ce que cela sert?
   Lequel est-ce que vous avez choisi?
   Quand est-ce qu'il est arrivé?

2. On peut déplacer l'interrogatif et le mettre là où sera normalement dans la réponse le renseignement demandé:

   Cela sert à quoi? Cela sert à couper.
   Vous l'avez vu quand? Je l'ai vu jeudi.

En effet on emploie volontiers en français, le type de question qui anticipe sur la forme de la réponse. C'est le cas de certaines des questions vues ci-dessus.

Vous le voyez souvent? Tous les combien . . .?

Ou encore, avec SEGMENTATION:

C'est encore loin, la gare?
How much further is it to the station?

Un bon exemple de cette forme de question est celle qu'on pose au téléphone pour demander à l'interlocuteur de s'identifier.

C'est de la part de qui?
Who's calling, please?

190 La forme des questions posées avec le pronom interrogatif **qui** varie suivant que ce pronom

a. s'emploie des personnes ou des choses
b. est sujet, objet direct ou objet indirect
c. s'emploie avec ou sans **est-ce que**.

Quand le pronom s'applique aux choses et est au cas sujet, sa forme est **que** avec un verbe impersonnel et **qu'est-ce qui** avec des verbes ordinaires:

	Choses	**Gens**
Sujet	Que se passe-t-il? Qu'est-ce qui se passe? Qu'est-ce qui vous en empêche?	Qui est venu? Qui est-ce qui est venu?
Objet direct	Que faites-vous? Qu'est-ce que vous faites?	Qui avez-vous vu? Qui est-ce que vous avez vu?
Objet indirect	A quoi pensez-vous? A quoi est-ce que vous pensez?	A qui vous êtes-vous adressé? A qui est-ce que vous vous êtes adressé?

L'INTERROGATION INDIRECTE

191 Elle s'exprime dans une proposition subordonnée articulée à une principale dont le verbe est **demander** ou un équivalent. Elle ne comporte pas d'inversion.

Lorsque l'interrogation indirecte est du type B (avec mot interrogatif) elle s'articule à la principale au moyen de son interrogatif:

Qui est venu?
Je demande qui est venu?

Quand viendrez-vous?
Je demande quand vous viendrez.

Combien avez-vous payé ce livre?
Dites-moi combien vous avez payé ce livre.

Les interrogatifs **qu'est-ce qui** et **que** deviennent respectivement **ce qui** et **ce que**:

Qu'est-ce qui est arrivé?
Je demande **ce qui** est arrivé.

Que faites-vous?
Je demande **ce que** vous faites.

Dans la langue parlée on trouve **qu'est-ce qui**, **qu'est-ce que** aussi bien que **ce qui**, **ce que**:

Qu'est-ce qu'il devient?
Je demande **ce qu**'il devient.
Je demande **qu'est-ce qu**'il devient.

Les interrogatifs **à quoi**, **de quoi** peuvent s'employer dans l'interrogation indirecte:

A quoi pensez-vous?
Je demande **à quoi** vous pensez.
De quoi s'agit-il?
Je demande de quoi il s'agit.

Les interrogations indirectes du type A (sans mot interrogatif) s'articulent à la principale au moyen de la conjonction **si**:

Irez-vous?
Je demande si vous irez.

EXERCICES

A. Mettez aux six formes interrogatives possibles du type A (3 non segmentées et 3 segmentées) la phrase suivante:

Notre ami a accepté votre invitation.

B. Trouvez les questions dont ces phrases sont des réponses, la partie en italique étant l'objet de la question. N'oubliez pas de faire les changements de personne nécessaires.

Exemple: La phrase « M. Dupont est venu me voir » est la réponse à la question « Qui est venu vous voir ? »

1. *C'est son frère* qui m'en a parlé.
2. Il est *agent d'assurances.*
3. Son père était *norvégien.*
4. Nous avons lu *Voltaire et Rousseau* cette année-là.
5. J'ai dit que je lui donnerai *le jaune.*
6. Il est venu dans la voiture *de son oncle.*
7. Son nouveau complet est *gris foncé.*
8. Je chausse *du 42.*
9. Une règle sert *à tirer des traits.*
10. Les réparations ont coûté *500 F.*
11. Il mesurait *un mètre soixante-quinze* à l'âge de 16 ans.
12. On apprend à jouer du piano *en faisant des gammes.*
13. Il est revenu *par Lyon.*
14. Nous habitons *à dix minutes* de l'université.
15. Il faisait *un temps splendide.*
16. Nous sommes ici *jusqu'au 25.*
17. Il était là *depuis deux heures.* (2 questions)
18. Nous serons prêts *dans cinq minutes.*
19. Le métro passe *toutes les cinq minutes.*
20. Il a habité la France *dix ans.*

C. Récrivez les phrases suivantes en évitant l'inversion:

1. Depuis quand son père est-il là ?
2. A quelle heure part-il votre train ?

D. Mettez à la forme interrogative indirecte:

Il m'a demandé: Qui vous en a parlé ?
A quoi pensez-vous ?
De quoi a-t-il été question ?
Que lui avez-vous dit ?
On a congé demain ?

Négation et affirmation

192 Pour mettre une phrase à la forme négative le français d'aujourd'hui emploie conjointement les deux mots **ne** et **pas**. Il fut un temps où **ne** suffisait. Par ailleurs, la langue populaire tend à ne faire usage que de **pas**. Comme la forme avec **ne** sans **pas** survit dans certaines expressions et dans certains tours, on peut dire que les trois formes coexistent de nos jours:

a. Je ne sais. (survivance)
b. Je ne sais pas. (forme usuelle)
c. Je sais pas. (langue très familière)

Entre *a* et *b* d'une part et *c* d'autre part, il y a une différence de niveaux de langue. En outre, *a* et *b* n'ont pas tout à fait le même sens.

193 Quelques verbes, en particulier **savoir**, **oser**, **cesser**, s'emploient négativement tantôt avec **ne**, tantôt avec **ne . . . pas**, mais une nuance sépare ces deux usages.

« Je ne sais pas » exprime l'ignorance, tandis que « je ne sais » marque plutôt l'incertitude, l'hésitation entre deux explications possibles. « Je n'ose » s'emploie plutôt que « je n'ose pas » quand on craint d'être indiscret: « Je n'ose vous demander si . . . ». En fait celui qui parle pose quand même sa question. De même, « Il ne cesse de réclamer » signifie qu'il réclame très souvent, trop souvent, sans cesse, alors qu'on dira, pour marquer l'ininterruption plutôt que la fréquence: « Il n'a pas cessé de travailler de toute la journée. »

Il convient de signaler que, dans la langue de tous les jours, on rencontre « je n'ose pas » au sens de « je n'ose ». Par contre, la distinction entre « ne cesser de » et « ne pas cesser de » reste encore très vivante.

194 La survivance de l'ancien usage se manifeste dans des expressions telles que **n'importe** (il n'importe pas), **qu'à cela ne tienne** (que ce que vous voulez dire ne tienne pas à cela, c'est-à-dire ne soit pas empêché par cela), **à Dieu ne plaise** (qu'il ne plaise pas à Dieu que — cf. *God forbid!*), et aussi dans certains tours tels que:

Si je ne m'abuse, si je ne me trompe (dans des cas où l'on est à peu près sûr de ne pas se tromper).

Si vous ne m'aviez aidé, je n'y serais jamais arrivé. (On peut également dire « si vous ne m'aviez pas aidé . . . »)

et dans un style encore plus soigné:

Qui ne voit que pareille mesure serait très dangereuse?
(C'est-à-dire: tout le monde voit . . .)

Que ne le disiez-vous?
(Pourquoi ne le disiez-vous pas?)

Il y a six mois que je ne l'ai (pas) vu.

Pas est facultatif dans ce dernier exemple. Il est obligatoire quand le verbe est au présent ou à l'imparfait (voir 126):

Il y a deux ans que je ne le vois pas.
Il y avait six mois que nous ne nous parlions pas.

195 Là où **ne** s'emploie avec **pas**, on remarquera que ces deux mots encadrent le verbe à un mode personnel et aussi le participe présent:

> Comme il **ne** travaille **pas** le samedi, . . .
> **Ne** travaillant **pas** le samedi, . . .

Dans le cas de l'infinitif, **ne** et **pas** sont réunis:

> Je lui ai dit de **ne pas** s'inquiéter.
> Il a attendu dehors pour **ne pas** vous déranger.

L'emploi de **pour ne pas** entraîne à dire **pour ne pas que**, mais ce tour est considéré comme étant incorrect:

> Donnez-le-lui maintenant **pour** qu'il **ne** soit **pas** obligé de revenir.

196 Il peut arriver que deux verbes synonymes à la forme affirmative ne le soient plus à la forme négative:

> *a.* Il faut le faire tout de suite.
> *b.* Il ne faut pas le faire tout de suite.
> *c.* Il est nécessaire de le faire tout de suite.
> *d.* Il n'est pas nécessaire de le faire tout de suite.

Les phrases *b* et *d* n'ont pas le même sens, alors que *a* et *c* sont équivalentes. Les phrases anglaises correspondantes présentent la même différence.

On dit « Il ne faut pas y aller tout de suite » plutôt que « Il faut ne pas y aller tout de suite ». En d'autres termes, c'est plutôt la proposition principale qui prend la forme négative. Avec certains verbes, cependant, le sens change suivant que la négation porte sur l'un ou l'autre verbe:

Nous n'espérions pas le rencontrer.
We did not hope to meet him.

Nous espérions ne pas le rencontrer.
We hoped we would not meet him.

Il n'a pas pu le savoir.
He could not have known.

Il a pu ne pas le savoir.
He may not have known.

On voit que la place de la négation est très importante dans les exemples ci-dessus.

197 Dans la double négation **ne . . . pas**, le deuxième terme peut être remplacé par d'autres mots négatifs: **jamais**, **rien**, **aucun**, **nul**, **personne**, **nulle part**, **plus**, **guère**, **nullement**:

Il n'y est jamais allé.
Je n'ai rien reçu.
Aucun n'a répondu.
Nul ne le saura.
Personne n'est venu.
On ne le voit nulle part.
Il n'en a plus.
Il ne sort guère.
Cela ne me dérange nullement.

Un seul **ne** suffit comme corrélatif de ces mots quand il y en a plus d'un dans la même phrase:

Il **n'**en a **jamais rien** dit à **personne**.

Comme il a été expliqué au paragraphe 86, **personne**, **nul**, et **aucun** sont interchangeables dans certains cas, mais **personne** est le mot usuel et il peut être sujet ou complément. **Nul**, très littéraire, peut être adjectif aussi bien que pronom (nul homme), mais il ne s'emploie que comme sujet. **Aucun**, en tant que pronom, peut remplacer **personne** comme sujet ou comme pronom, et, de même que **nul**, il peut être pronom ou adjectif. **Pas** peut être renforcé par **du tout**.

Il n'a pas du tout aimé cela.
Il n'a pas aimé cela, oh, mais pas du tout.

198 La coordination dans la négation peut se faire au moyen de **non plus** ou de **ni**. Si on se contentait de dire: « Vous n'y êtes pas allé. Je n'y suis pas allé », ces deux phrases juxtaposées ne feraient pas ressortir l'identité des deux situations négatives. Aussi dit-on plutôt en les coordonnant:

> Vous n'y êtes pas allé et je n'y suis pas allé non plus.

ou encore:

> Vous n'y êtes pas allé, ni moi non plus.
> Ni vous ni moi nous n'y sommes allés.
> Nous n'y sommes allés ni l'un ni l'autre.

Ni peut se répéter ou s'employer en corrélation avec **ne . . . pas**, **ne . . . jamais**, etc.

> On ne lui permet ni de fumer ni de boire.
> Il n'a ni le temps ni l'énergie nécessaires pour une pareille entreprise.
> Je ne crois pas qu'il vienne, ni même qu'il envoie quelqu'un à sa place.
> Il s'est engagé à ne jamais la revoir, ni même à lui écrire.

Les mots négatifs qui s'emploient avec **ne** peuvent également s'employer seuls dans certains énoncés qui ne sont pas des phrases complètes:

> Ni fleurs ni couronnes.
> Jamais de la vie.
> Rien à faire.
> Un intérieur nu: pas un tableau, pas un bibelot.

199 **Non** s'emploie pour

a. répondre négativement à une question:
Vous en avez? Non, je n'en ai pas.
b. accepter ce qui est exprimé négativement:
Vous n'avez pas froid? Non, je suis bien.
c. nier ce qui est affirmé par quelqu'un d'autre:
Vous étiez déjà parti. Non, j'étais encore là.

La contradiction qui, au niveau familier, s'exprime en anglais au moyen de ***not . . . either***, se rend en français en faisant précéder la proposition négative de **mais non, mais pas du tout**:

You made fun of him. I didn't either.
Vous vous êtes moqué de lui.
Mais non, je ne me suis pas moqué de lui.
Mais pas du tout, ce n'est pas vrai.

Non peut représenter une proposition négative:

Viendrez-vous? Je pense que **non**.
(C'est à dire: Je pense que je ne viendrai pas.)

Il vous a dit qu'il y serait. Moi, il m'a dit que **non**.
(C'est à dire: Il m'a dit qu'il n'y serait pas.)

C'est une fonction du même genre que ce mot remplit dans des phrases où l'on dit d'abord ce qui est et ensuite ce qui n'est pas. Il peut alors être suivi de **pas**:

En français « trivial » a le sens de vulgaire et **non (pas)** d'insignifiant.

Dans cette dernière phrase, **non** représente: « n'a pas le sens ». Avec le partitif on trouve **pas** au lieu de **non pas** quand on insiste sur la quantité. Comparez:

Ils boivent du vin et **non** de l'eau.
Ils avaient du vin mais **pas** d'eau.

200 La restriction s'exprime au moyen de **ne . . . que**, **que** précédant immédiatement les mots sur lesquels porte la restriction:

Il n'a que deux complets.
Je n'en parlerai qu'à lui.
Cela ne m'a valu que des ennuis.
La question n'a été qu'effleurée.

Ne . . . que ne peut se mettre en position initiale. D'où la nécessité de recourir à la formule de présentation **il y a** qui devient **il n'y a que**:

Il n'y a que vous qui puissiez le faire.

On peut également employer **seul** après le pronom personnel, avant ou après le nom:

Vous seul pouvez le faire.
Seul le directeur peut en décider.
Le directeur seul peut en décider.

Quand la restriction doit porter sur le verbe, on a recours au verbe **faire** comme auxiliaire et comme point d'appui pour **ne . . . que**.

N'insistez pas, cela ne fera que l'indisposer davantage.

On entend souvent dans la conversation:

Il n'y a pas que lui.
Nous n'en avons pas qu'un.
Il n'a pas que cela à faire.

Il est cependant préférable de dire et surtout d'écrire:

Il n'est pas tout seul.
Nous en avons plus d'un.
Il a autre chose à faire.

201 L'affirmation s'exprime au moyen de **oui** pour marquer l'accord et de **si** pour contredire:

> Vous y êtes allé? **Oui**.
> Vous n'étiez pas là. **Si**, j'y étais.

Si peut être renforcé par **mais si, que si**:

> **Mais si**, je l'ai fait.
> *I did too.*

Oui et **si** peuvent être des représentants de la même façon que **non**:

> Je lui ai demandé si cela lui plaisait et il m'a répondu que **oui**.
> *I asked him if he liked it and he said **he did**.*

> Il doit venir, n'est-ce pas?
> Il m'a dit que **non**.
> Tiens, c'est curieux, à moi, il m'a dit que **si**.

> *He's coming, isn't he?*
> *He said **he was not**.*
> *That's funny. He told me **he was**.*

202 En anglais, on peut renforcer l'affirmation au moyen du verbe ***to do*** ou de l'un des auxiliaires ***to be***, ***to have***, ***will***, ***can***, ***may***, ***must***, etc. Ces verbes portent alors l'accent. Le français n'a pas la ressource de mettre l'accent sur n'importe quel mot de la phrase. Il a donc recours à des adverbes ou à des tours syntaxiques:

> Pour le cabotage en hiver, il fallait des hommes jeunes et durs à la fatigue. C'etait **justement** son cas.
>
> *Winter coasting needed men who were young and tough. He **was** young and tough.*

(Voir 183)

Si, au lieu de renforcer une affirmation, on veut la nuancer en invoquant l'assentiment de la personne à qui on parle, on la fait suivre de la locution **n'est-ce pas**, qui est invariable et qui correspond, en anglais, à la reprise du verbe de l'énoncé au moyen du verbe auxiliaire approprié; cet auxiliaire est à la forme interrogative, avec ou sans négation:

> Il est déjà au courant, n'est-ce pas?
> *He has already been told, hasn't he?*
>
> Il ne ferait jamais cela, n'est-ce pas?
> *He would never do that, would he?*

EXERCICES

A. 1. Employez le verbe **cesser** négativement pour dire que quelqu'un (qui deviendra **il** dans la phrase) vous interrompt constamment.
   2. Employez **cesser** négativement pour dire qu'il a plu sans arrêt.

B. 1. Faites une phrase interrogative et négative pour dire que l'on ferait n'importe quoi pour réparer cette faute.
   2. Donnez, sous une forme semi-négative, l'équivalent de:
      a. sauf erreur de ma part
      b. sans votre appui
      c. vous auriez dû le dire tout de suite

C. 1. Dites en une phrase avec **pour que**:

   Prévenez-le. Comme cela il ne sera pas vexé.

   Montez sans bruit. Il ne vous entendra pas.

   2. Dites en une phrase:

   Il peut rester longtemps sans boire. Il peut rester longtemps sans manger.

Il n'avait pas de papier sur lui. Il n'avait pas de crayon sur lui.

Vous n'aurez pas le temps de le faire demain. Vous n'aurez pas le temps de le faire après-demain.

Il ne veut pas lui écrire. Il ne veut pas lui téléphoner.

3. Allégez le plus possible la deuxième phrase de chacun des groupes suivants:

   a. On lui a demandé s'il prendrait des vacances. Il a répondu qu'il ne prendrait pas de vacances.

   b. Certains sujets ont été traités. D'autres sujets n'ont pas été traités.

D. Employez **ne . . . que** dans les phrases suivantes:

Seuls les hommes jeunes ont échappé à l'épidémie.
Il gagne seulement trois mille francs par mois.
Le doyen peut accorder l'autorisation.

E. 1. Répondez affirmativement et négativement par une phrase complète à chacune des remarques suivantes:

Il n'est pas arrivé en retard ce matin.
Il est arrivé en retard ce matin.

2. Renforcez la négation:

Il n'a pas goûté ce genre de plaisanterie.

L'exclamation

203 L'exclamation peut porter sur la qualité. Elle s'exprime alors au moyen de **que**, **comme**, **quel**, et, surtout dans le style familier, **ce que**. Ces mots se placent au début de la phrase exclamative, qui se construit comme une phrase affirmative, c'est-à-dire sans inversion:

Que c'est beau! Comme c'est beau! Ce que c'est beau!	*How beautiful it is!*
Qu'il travaille bien! Comme il travaille bien! Ce qu'il travaille bien!	*How well he works!*
Quels beaux meubles il a!	*What beautiful furniture he has!*
Quelle histoire!	*What a fuss!*

Avec certains verbes de sentiment on a le choix entre **comme** et **combien**, mais **comme** est d'un emploi plus général:

Combien je regrette de ne l'avoir pas fait!

Quand l'exclamation porte sur la quantité, elle est rendue par **que de**:

Que de livres il a lus!
What a lot of books he has read!

Dans la langue familière, la construction segmentée (voir 178) peut également s'employer avec ou sans **ce que**.

Ce qu'il en a lu, des livres!
Il en a lu, des livres!

Le tour exclamatif avec **que** est très proche par la forme d'un autre tour avec **que** qui sert à exprimer le souhait. Ainsi, « Qu'il travaille! » peut vouloir dire, avec une intonation différente: *I want him to work*, ou *How he works!*

204 Il convient de noter qu'en français les tours exclamatifs ne comportent pas l'inversion comme en anglais:

Wasn't she glad!	Ce qu'elle a été contente!
Isn't it a shame!	Quel dommage!
Was I mad!	J'étais furieux.

Il y a cependant inversion dans la locution figée « Quelle n'a pas été ma surprise quand . . . »

Il convient de noter que **comme** est exclamatif, tandis que **comment** est interrogatif ou explicatif. Il existe trois constructions qui sont très proches par la forme mais non par le sens et qui permettent de donner respectivement à une phrase: *a.* la forme exclamative, *b.* la forme interrogative directe, et *c.* la forme interrogative indirecte:

a. Comme il se rend utile!
How helpful he can be!

b. Comment se rend-il utile?
How does he make himself useful?

c. Expliquez-moi comment il se rend utile.
Tell me how he makes himself useful.

Le dernier tour peut s'employer seul pour introduire un paragraphe expliquant les moyens de se rendre utile.

Comment se rendre utile:
How to make oneself useful:

L'exclamation est indirecte lorsqu'elle est exprimée dans une proposition subordonnée. Elle est parallèle à l'interrogation indirecte (voir 191).

Il a dit combien il regrettait de ne pas l'avoir su plus tôt.
He said how sorry he was he had not known sooner.

A quel point est une variante de **comme ou de combien.**
Il ne se rend pas compte à quel point c'est dangereux.
He does not realize how dangerous it is.

Dans la phrase suivante l'intensité et la manière sont différenciées.

On se rend compte **à quel point** et **comment** l'homme et l'œuvre ne font qu'un.

EXERCICES

A. Mettez aux différentes formes exclamatives chacune des phrases suivantes:

1. Ce film est ennuyeux.
2. Elle joue bien du piano.
3. Il aide beaucoup de gens à se placer.
4. Vous lui avez donné d'excellents conseils.
5. Il a accepté avec empressement.

B. Traduisez:

1. How easy it is!
2. What a bore! (2 traductions)
3. Was she miffed!
4. Doesn't he speak well!
5. How he can waste his time!
6. He shows us how we could save time.

Pouvoir, Devoir, Falloir, Savoir

DU POSSIBLE AU NÉCESSAIRE

205 Quand nous parlons, quand nous écrivons, il nous arrive très souvent de marquer notre attitude à l'égard de ce que nous disons. Ainsi la chose dont il s'agit peut être considérée comme possible, probable, nécessaire, ou encore douteuse ou exclue. Les verbes du titre ci-dessus sont parmi les outils dont la langue dispose pour exprimer ces nuances de MODALITÉ.

206 1. La chose est possible. Au lieu de dire: « Il s'est trompé », on dira:

a. avec **peut-être**, qui peut s'employer de trois façons:

Il s'est peut-être trompé.
Peut-être qu'il s'est trompé.
Peut-être s'est-il trompé.

b. avec **pouvoir**, verbe personnel:

Il a pu se tromper.

c. avec **pouvoir**, verbe réfléchi et impersonnel:

Il se peut qu'il se soit trompé.

d. avec **il est possible que** et sa variante **il n'est pas impossible que**:

Il est possible qu'il se soit trompé.
Il n'est pas impossible qu'il se soit trompé.

207 2. La chose est probable. On dira:

a. avec les adverbes **probablement** ou **sans doute**, qui se placent après le verbe à un temps simple, entre l'auxiliaire et le verbe à un temps composé:

Il le sait sans doute.
Il le saura sans doute.
Il l'apprendra probablement.
Il l'a sans doute appris.

b. avec le tour **il est probable que**:

Il est probable qu'il l'a su.
qu'il le sait.
qu'il le saura.

c. avec **devoir** au passé composé:

Il a dû se tromper.
He must have been mistaken.

d. en mettant le verbe au futur antérieur:

Il se sera trompé.
He will have made a mistake.

On remarque qu'avec les adverbes de probabilité (voir *a*) et le tour **il est probable que** (voir *b*) la chose probable peut être dans le passé, dans le présent ou dans l'avenir. Avec **devoir** et avec le futur antérieur, la probabilité se rapporte à un fait passé.

Il ne faut pas confondre la possibilité avec la probabilité. Elles ont chacune leur mode: le subjonctif pour la première, l'indicatif pour la seconde.

Le conditionnel s'emploie pour annoncer une nouvelle dont on ne garantit pas l'exactitude:

> Il aurait accepté l'offre qu'on lui a faite.
> *He's said to have accepted.*
>
> Il accepterait l'offre qu'on lui a faite.
> *It is said that he will accept.*
> (C'est-à-dire, le bruit court qu'il a accepté, qu'il acceptera . . .)

208 3. La chose est sûre. On dira:

a. avec **sûrement, certainement, sans aucun doute**

> Il s'est sûrement trompé.
> Il s'est trompé sans aucun doute.

b. avec **être sûr**, **être certain**, employé personnellement ou impersonnellement:

> Je suis sûr / Je suis certain } qu'il s'est trompé.
> Il est sûr / Il est certain } qu'il s'est trompé.

209 4. La chose est douteuse. On dira avec le subjonctif (voir 217, liste B):

a. **il est douteux, il est peu probable, il est peu vraisemblable que:**

> Il est douteux qu'il se soit trompé.
> Il est peu probable qu'il se soit trompé.

b. **douter**, et, au conditionnel, **être surpris**:

Je doute qu'il se soit trompé.
Je serais surpris qu'il se soit trompé.

c. diverses variantes:

Cela m'étonnerait / Cela me surprendrait beaucoup } qu'il se soit trompé.

210 5. La chose est jugée désirable moralement (obligation morale).

On dira avec **devoir** au conditionnel:

Il devrait s'en occuper.
He should (ought to) take care of it.

Il aurait dû s'en occuper.
He should have taken care of it.

Il arrive aussi que l'on conseille à quelqu'un, contre son inclination, une chose qu'il aurait intérêt à faire. Cette modalité se rend par le tour **faire bien de** au conditionnel, qui correspond à une certaine valeur du prétérit de ***may*** lequel fonctionne alors comme une forme atténuée de ***should***.

Those who scoff at this notion might reflect that it is within the realm of possibility.
Ceux qui se gaussent de cette idée feraient (peut-être) bien de considérer qu'elle est du domaine du possible.

Le verbe **pouvoir**, au conditionnel, ne rendrait pas ce sens de ***might***.

211 6. La chose est nécessaire. On dira avec **falloir, il est nécessaire que** et le subjonctif (voir 217, liste B):

Il faut qu'il le fasse tout de suite.
Il est nécessaire } qu'il le fasse tout de suite.
Il est indispensable }

L'expression de la nécessité, comme celles du doute (nº 4) et de la possibilité (nº 1) entraîne l'emploi du subjonctif.

212 On a tendance à rendre ***I must*** par **Je dois**. Ces deux expressions ont la même structure: elles n'ont pas nécessairement le même sens. Le verbe **devoir** est dans la situation très particulière du verbe qui change de sens en changeant de temps.

Exemples:

1. Je dois partir demain.
   C'est-à-dire: mon départ est prévu pour demain; normalement je partirai demain.
   I am to leave tomorrow. I am supposed to leave tomorrow.

   Devoir au présent tend à n'être plus guère qu'un auxiliaire du futur (cf. ***shall*** en anglais). Cependant le sens de l'obligation morale se maintient dans certains contextes:

   Les enfants doivent écouter leurs parents.
   Children should obey their parents.

2. Je devais partir hier.
   Même sens qu'avec le présent. Normalement je serais parti hier, mais j'en ai été empêché.
   I was to leave yesterday (*but I was prevented from doing so.*)

3. *a.* J'ai dû m'incliner.
   C'est-à-dire: il a fallu que je m'incline.
   Devoir exprime ici la nécessité.
   I had to give in.

   b. Il a dû se tromper.
   Au passé composé, **devoir** peut aussi exprimer la probabilité (voir 207).
   He must have been mistaken.

4. Je devrais y aller. J'aurais dû y aller.
   C'est-à-dire: mon devoir est, était, d'y aller.
   Devoir exprime ici l'obligation morale.
   I should go. I ought to have gone.

5. Il devra avoir fini la semaine prochaine.
   C'est-à-dire: il faut qu'il ait fini.
   Devoir au futur exprime la nécessité.
   He has to have finished by next week.

6. On voit par ce qui précède (212.1 et 212.4) que ***should***, auxiliaire modal, correspond tantôt au présent de l'indicatif et tantôt au conditionnel présent du verbe **devoir**. Ce dernier sens, celui de l'obligation morale, est sans doute le plus fréquent. Il ne doit pas faire oublier celui de l'obligation traditionnelle ou réglementaire, c'est-à-dire édictée par un règlement.

   Students ***should*** *send in their application before April 1.*
   Les étudiants **doivent** envoyer leur demande avant le 1er avril.

L'emploi de **devraient donner**ait l'impression qu'on leur conseille de le faire, alors qu'en réalité on le leur enjoint.

L'obligation réglementaire peut aussi être rendue, dans la langue écrite, par **être tenu de** (*to be required to*), qui est synonyme du tour **il faut que**, plus usuel dans la langue parlée.

213 Indépendamment de la possibilité d'un événement, il y a aussi le fait d'être capable ou en mesure de faire quelque chose. Il convient de distinguer entre *a* la capacité et *b* la latitude.

a. Il sait nager.
He can swim.

Il sait parler français.
He can speak French.

Elle ne sait pas taper à la machine.
She cannot type.

b. Il peut (il lui est possible de) venir demain, mais après-demain lui irait mieux.
He can come tomorrow, but the day after tomorrow would suit him better.

Il pourra vous aider.
He can help you.

Les deux phrases ci-dessus doivent être soigneusement distinguées de:

Il se peut qu'il vienne demain.
He may come tomorrow.

Il se peut qu'il vous aide.
He may help you.

214 On pourrait croire que **savoir** et **pouvoir** expriment respectivement la capacité et la latitude. Dans l'ensemble il en est bien ainsi. Cependant **pouvoir** remplace **savoir** dans certains cas où il s'agit pourtant d'une aptitude:

Il peut réciter par cœur des vers qu'il n'a lus qu'une fois.
He can recite by heart verse he has read only once.

Le chameau peut rester longtemps sans boire.
The camel can go without water for a long time.

On remarquera qu'il s'agit d'un don naturel, même s'il y a entraînement, plutôt que d'une technique apprise. L'anglais emploie ***can*** aussi bien pour la capacité que pour la latitude. Il emploie ***may*** pour la possibilité telle qu'elle s'exprime dans « Il peut venir demain », « il est possible qu'il vienne demain ».

215 Pour demander la permission, la forme usuelle est **Puis-je,** qui s'emploie aussi bien dans le style soutenu que dans le langage familier et correspond ainsi à ***May I*** et à ***Can I***.

De la même façon, **vous pouvez** peut signifier aussi bien ***you may*** que ***you can***.

EXERCICES

A. 1. Cet exercice consiste à introduire dans des phrases données l'idée de probabilité, de possibilité, de doute, etc., en la faisant porter sur le mot en italique. Pour cela il faut refaire la phrase en y incorporant les mots ou la construction qui expriment l'idée proposée.

Exemple: Il est malade + idée de possibilité:
Il est peut-être malade.

Introduisez:

a. l'idée de probabilité dans:
Il *va* à la pêche dimanche.
Il *a été* à la pêche dimanche.

b. l'idée de possibilité dans:
Cette année *il passera* ses vacances en Suisse.
Il *n'a pas compris* ce qu'on lui a dit.

c. l'idée de doute dans:
Il *sait* ce qui s'est passé.
Il *réussira* à son examen.

2. Remplacez le verbe **devoir** par une expression synonyme:

   a. Je dois le rencontrer mardi.
   b. Nous devrons avoir tout fini pour le 28.
   c. Vous avez dû avoir beaucoup de mal.
   d. Le président doit prendre l'avis du comité.

B. Traduisez en français:
1. He can speak French.
2. We may arrive earlier.
3. You may use mine if you want.
4. She can fly a plane.
5. We can have two seats in the balcony.
6. He can remember telephone numbers better than I can.
7. He must leave tomorrow.
8. He is to leave tomorrow.
9. May I use your phone?
10. He might accept.

Présentation objective et subjective de la réalité

216 L'attitude de celui qui parle à l'égard de ce qu'il dit apparaît, on l'a vu, dans l'emploi des verbes **pouvoir, devoir, falloir**. Elle peut être rendue par d'autres verbes mis à certains temps, ainsi que par le choix du mode, qui peut être le conditionnel, ou encore le subjonctif opposé à l'indicatif et vice versa.

Ainsi une proposition subordonnée est à l'indicatif pour exprimer la probabilité, et au subjonctif pour rendre la possibilité ou l'improbabilité.

Il est probable qu'il viendra.
Il est possible qu'il vienne.
Il est peu probable qu'il vienne.

L'espoir, plus proche de la certitude que ne l'est le souhait, relève de la probabilité, tandis que le souhait reste dans le domaine du possible. D'où la différence entre

J'espère qu'il réussira.
Je souhaite qu'il réussisse.

Il convient aussi de rappeler que le subjonctif est souvent le mode de ce qui est dans notre esprit avant de passer dans le domaine des faits. La conséquence est généralement considérée comme quelque chose qui a eu lieu. Mais elle peut aussi être envisagée à l'avance comme une chose que l'on souhaite voir se réaliser, et cette nuance appelle le subjonctif.

> Il a été retardé, de sorte que nous avons dû partir sans lui. (Conséquence effective)
>
> Il a installé son adjoint dans le bureau voisin du sien, de sorte qu'ils puissent ainsi se voir plus facilement. (Conséquence souhaitée)

Dans ce deuxième emploi, **de sorte que** peut être remplacé par **de telle sorte que**, **de façon que**, **de manière que**, variantes également suivies du subjonctif.

217 En français moderne, l'emploi du subjonctif est automatique après certaines conjonctions (**Liste A**) et certains verbes (**Liste B**). Ainsi on ne peut éviter le subjonctif après:

Liste A

1. **avant que**
   Dites-le-lui avant qu'il parte.

2. **jusqu'à ce que**
   [redacted] jusqu'à ce que tout le monde soit parti.

3. **en attendant que**
   [redacted] nous occuper en attendant que vous reveniez.
   We'll be able to keep busy until you return.

4. **quoique, bien que, encore que**
   [redacted] jamais parlé, je crois qu'il y pensait depuis longtemps.
   Although he never mentioned it, I think he had been thinking about it for a long time.

5. **pour que, de sorte que**
   Faites-le tout de suite pour qu'il n'en soit plus question.
   Do it now so we can forget it.

6. **pourvu que, à condition que**
   Cela ira bien, à condition qu'il soit là.
   Things will go smoothly, provided he is there.

7. **à moins que**
   Nous irons demain, à moins qu'il ne pleuve.

8. **sans que**
   Il l'a fait sans qu'on le sache.

9. **que** (employé pour éviter la répétition de **si**)
   Si vous venez et que je ne sois pas là . . .
   If you come and I am not in . . .

10. **ce n'est pas que, non (pas) que** (pour écarter une cause hypothétique)
    Ce n'est pas qu'il soit avare, mais il a peur de gaspiller.
    It's not that he is stingy, but he is afraid of waste.

Liste B

1. verbes de sentiment
   Je souhaite que vous réussissiez.
   I hope you succeed.
   Il s'étonne que vous n'y allez pas.
   He is surprised you are not going.

2. verbes de crainte
   Nous craignons qu'il ne finisse par se lasser.
   We are afraid he may get tired of it.

3. verbes de doute, de dénégation
   Je doute que vous arriviez à temps.
   I doubt you will get there in time.
   Il nie que les choses se soient passées ainsi.
   He denies it happened like that.

4. verbes de volonté
   Nous voulons qu'il y en ait pour tout le monde.
   We want to have enough for everybody.

5. verbes de nécessité
   Il faut, il est nécessaire, il est indispensable qu'il puisse compter sur vous.

Les exemples qui précèdent appellent certaines remarques. On voit pourquoi les conjonctions de la liste A exigent le subjonctif. Les verbes qu'elles introduisent présentent les choses comme n'étant pas encore dans le domaine des faits (n°s 1, 3, 5 et 6) ou comme étant réalisées mais colorées par l'attitude de celui qui parle (n° 4).

218 L'exemple relatif à **jusqu'à ce que** est au passé. C'est donc un fait que celui dont on parle est resté là jusqu'à la limite indiquée, mais le subjonctif exprime le parti pris de ne pas partir avant ce moment-là. Là où cette nuance est absente on préfère employer **jusqu'au moment où** suivi de l'indicatif:

Il est resté là jusqu'au moment où nous sommes arrivés.

Lorsque **avant que** et **en attendant que** marquent l'antériorité dans le passé, l'emploi du subjonctif représente une servitude, c'est-à-dire une obligation non motivée, le fait prévu s'étant effectivement produit:

Il l'a fait avant que j'arrive.
Il a lu le journal en attendant que je revienne.

Mais très souvent on peut remplacer le verbe par un nom; les conjonctions deviennent alors des prépositions (voir 255):

L'affaire a été réglée avant mon arrivée.
Il a lu le journal en attendant mon retour.

Les catégories de la liste B ne sont pas absolues, et certains verbes y échappent. L'espérance et le souhait sont des sentiments. L'usage veut cependant qu'on dise « J'espère qu'il viendra » à côté de « Je souhaite qu'il vienne ».

219 Certains verbes régissent tantôt l'indicatif, tantôt le subjonctif, mais ils n'ont pas le même sens dans les deux cas:

1. *a.* Je comprends que cela n'est pas possible.
   (C'est-à-dire: je me rends compte . . .)

   b. Je comprends que cela ne vous ait pas plu.
   (C'est-à-dire: cela ne m'étonne pas . . .)

2. *a.* Je suppose qu'il n'a pas eu le temps.
   (C'est-à-dire: je pense, j'incline à penser . . .)

   b. Supposons qu'il n'ait pas eu le temps.
   (Il ne s'agit plus d'une opinion mais d'une hypothèse.)

3. *a.* Il prétend qu'il a tout compris.
   (C'est-à-dire: il affirme . . .)

   b. Il prétend qu'on ne fasse rien sans le consulter.
   (C'est-à-dire: il exige . . .)

4. *a.* Il dit qu'il arrive . . .
   (C'est-à-dire: il annonce . . .)

   b. . . . et que vous l'attendiez.
   (C'est-à-dire: il demande)

5. *a.* Il me semble qu'il a raison.
   (C'est-à-dire: mon opinion est qu'il a raison.)

   b. Il semble qu'il ait raison.
   (C'est-à-dire: on peut se demander s'il n'a pas raison.)

220 Le subjonctif s'emploie aussi dans des propositions relatives. Il importe de distinguer entre celles qui identifient et celles qui caractérisent. Les premières sont à l'indicatif, les secondes peuvent être au subjonctif ou à l'indicatif suivant la nuance qu'on veut exprimer, à condition que l'indicatif ne les transforme pas en relatives d'identification.

Comparez:

1. *a.* Ce sont les plus beaux que nous avons achetés.
   (relative d'identification: nous avons acheté les plus beaux)

   b. Ce sont les plus beaux que nous ayons achetés.
   (relative de caractérisation: nous n'en avons jamais acheté de plus beaux)

2. *a.* Je cherche un livre qui contient ce renseignement.
   (identification: le livre existe et je le cherche)

   b. Je cherche un livre qui contienne ce renseignment.
   (caractérisation: je ne suis pas sûr que ce livre existe)

Exemples de relatives de caractérisation où les deux modes sont possibles:

Il est le premier qui ait (ou qui a) compris la situation.
Il est le seul qui ait (ou qui a) compris la situation.

L'indicatif indique qu'il a été en fait le premier ou le seul. Le subjonctif introduit une nuance, d'après laquelle on ne voit pas qui d'autre aurait pu faire aussi bien. De même:

Il n'y a rien qui le mette en colère comme cette façon de faire.

Il est difficile de trouver quelque chose qui ait davantage le don de l'irriter.

221 Pour exprimer le souhait on emploie le subjonctif soit dans des propositions subordonnées dépendant d'un verbe qui exprime le souhait (je souhaite, je voudrais que vous veniez), soit dans des propositions indépendantes du type « Dieu vous bénisse! », « Qu'il vienne! »

Avec l'omission de **que**, ce second emploi se présente surtout sous forme d'expressions aujourd'hui archaïques:

Ne vous en déplaise! (Qu'il ne vous en déplaise pas!)
Like it or not!

Vive les Alliés! (Sens aujourd'hui mort: Que les Alliés vivent!)
Long live the Allies!

Sauve qui peut! (Que celui qui le peut se sauve!)
Everyone for himself!

Coûte que coûte. (Quoi qu'il doive en coûter!)
Cost what it may.

Le tour vivant comporte le **que**:

Qu'il ne vienne pas nous ennuyer avec cette histoire!
We don't want to hear any more about that!

Qu'il entre! (c'est-à-dire: dites-lui d'entrer)
Show him in.

Qu'il fasse ce qu'on lui dit.
He should do as he is told.

Il veut y aller, qu'il y aille.
He wants to go; let him go.

Le souhait s'exprime également dans une indépendante introduite par **pourvu que**:

Pourvu qu'il en soit averti à temps.
If only he can be told in time.

Le tour avec **que** est autant un ordre que l'expression d'un souhait. Ces deux notions sont évidemment très proches.

222 Comme en anglais, l'impératif représente la façon la plus directe de demander qu'une chose soit faite, qu'il s'agisse d'une directive, d'une requête ou d'un simple conseil.

Fermez la porte! Asseyez-vous! Couvrez-vous bien!

C'est une particularité de l'impératif anglais de pouvoir être précédé du pronom personnel. Cette structure ne passe pas en français et la nuance doit être rendue autrement.

You be careful what you say.
Fais bien attention à ce que tu dis (diras).

You wear your organdy.
Mets donc ta robe d'organdi.

L'impératif peut être suivi immédiatement d'un infinitif si les deux actions ainsi exprimées sont étroitement articulées l'une à l'autre, auquel cas il n'est pas idiomatique de mettre les deux verbes à l'impératif en les unissant par la conjonction et comme l'anglais le fait habituellement, mais non exclusivement.

Venez dîner avec nous demain soir.
Come and have dinner with us tomorrow night.

Allez chercher l'échelle.
Go get the ladder.

Outre l'impératif, les deux langues disposent, pour ce genre d'énoncé, de divers moyens qui permettent de tenir compte de la variété des situations.

En français, l'infinitif actif peut communiquer une directive. Par exemple, un questionnaire d'examen a le choix entre l'impératif et l'infinitif.

Répondre (Répondez) aux questions suivantes.
Mettre (Mettez) les verbes au temps qui convient.

L'avantage de l'infinitif est d'être impersonnel. Aussi la langue administrative en fait-elle un large usage. Nous demandons au service postal de ne pas plier une enveloppe et nous le faisons au moyen de la mention **Ne pas plier** que l'anglais préfère mettre à la forme personnelle: *Do not bend.*

Dans certains cas l'infinitif, avec ou sans négation, est, par souci de courtoisie, précédé de la locution **Prière de**.

Prière de faire suivre.
Please forward.

Prière de ne pas marcher sur le gazon.
Please keep off the grass.

Défense de marcher sur le gazon.
Keep off the grass.

Défense de fumer.
No smoking.

L'infinitif anglais peut exprimer une directive s'il est au passif. Il correspond alors à l'infinitif actif français précédé de **à**.

To be checked.
A vérifier.

To be left with the janitor.
A remettre au concierge.

This portion to be filled out by the applicant.
Partie à remplir par le candidat.

Le futur à la deuxième personne peut prendre la valeur d'un impératif:

Vous éteindrez les lumières en sortant.
Tu n'oublieras pas de lui en parler.

223 L'impératif et même le futur ont un caractère péremptoire. Pour présenter une requête avec moins de sécheresse, la langue a recours à divers moyens, dont la formule **Prière de**, vue plus haut, suivie de l'infinitif.

A l'impératif on peut adjoindre **s'il vous plaît**, **je vous prie**, **je vous en prie**, ou encore utiliser **veuillez**, impératif du verbe **vouloir** qui ne peut se mettre au singulier et qui relève du style soutenu.

Veuillez vous asseoir.
Please be seated.

Mis à la forme interrogative du présent de l'indicatif ou du conditionnel, ou du futur de l'indicatif, les verbes **pouvoir** et **vouloir** communiquent, sous une forme courtoise, le désir qu'une chose soit faite.

Voudriez-vous vous en charger?
Pourrez-vous (pourriez-vous) venir demain?
Voulez-vous attendre un instant?

Pour ce qui est de ce dernier exemple, c'est le contexte qui précise s'il s'agit d'une requête ou si on consulte quelqu'un sur ses désirs.

Voulez-vous du thé ou du café?

En anglais, le verbe ***to want***, à la forme interrogative et généralement avec l'ellipse de l'auxiliaire ***do***, est facilement senti comme l'expression d'une directive.

You want to sit in the next room to read that book?
Cela vous dérangerait de vous mettre à côté pour lire ce livre?

You want to help me with this?
Tu peux me donner un coup de main?

« Voulez-vous vous mettre à côté . . . » signifie plutôt « Est-ce que cela vous plairait de . . . ? » Mais, naturellement, dans les deux langues, l'intonation est, en plus du contexte, un des éléments du message.

Le verbe **vouloir**, à la première personne du singulier et du pluriel de l'indicatif, est plus volontaire que ***I want***, ***we want***. Aussi lui préfère-t-on, dans les situations où il ne saurait être question d'imposer sa volonté, la forme du conditionnel présent qui atténue.

Je voudrais du papier à lettre.
Nous voudrions voir le directeur.

EXERCICES

A. Incorporez « il ira » à cinq phrases commençant respectivement par:

Il est probable que . . .
Il est peu probable que . . .
Il est possible que . . .
Il est douteux que . . .
Il est certain que . . .

et mettez le verbe **aller** à la forme convenant à chaque cas.

B. Avec les phrases de chaque série numérotée faites une seule phrase en introduisant une conjonction de subordination et en supprimant les mots devenus inutiles.

Exemple: Rappelez-le-lui. Comme cela il n'oubliera pas.
Rappelez-le-lui pour qu'il n'oublie pas.

1. Il était fatigué. Cependant il y est allé.
2. Téléphonez-lui. De cette façon, il ne s'inquiétera pas.
3. Il peut rester. Mais il ne doit pas prendre part à la discussion.
4. Il part après-demain. Il ne partira pas s'il fait mauvais temps.
5. Nous avons joué aux cartes. Nous avons aussi attendu. Enfin il est revenu.

C. Traduisez:

1. He was the only one who really helped me.
2. This is the book he gave me.
3. This is the best novel I have ever read.
4. It seems he does not want to do it.
5. It seemed to him that he could wait.
6. Answer the following questions. (2 traductions)
7. He wants the one that is lined with silk.
8. He wants one that is lined with silk.
9. I want you to come as soon as possible.
10. Let him come right away.

Suppositions et oppositions

224 La façon la plus courante d'exprimer une supposition est de l'introduire au moyen de la conjonction **si.** Les suppositions peuvent être : 1. possibles, 2. contraires à la réalité ou irréelles dans le présent, 3. irréelles dans le passé.

Par exemple :

1. *a.* Si vous venez de bonne heure, vous le verrez.
   b. Si vous veniez de bonne heure, vous le verriez.
   (*b* exprime la même idée que *a*, mais avec moins de certitude)
2. *a.* S'il n'avait pas de pneus à neige, il déraperait.
   (Sous-entendu : mais il en a.)
   b. S'il se relisait, il ne laisserait pas tant de fautes dans ses devoirs.
   (Mais il ne se relit pas.)
3. Si vous étiez arrivé de bonne heure, vous l'auriez rencontré.

Les suppositions peuvent être considérées comme des conditions. C'est une question de point de vue, d'intention :

Si vous êtes là, je lui en parlerai. (condition)
Si vous êtes libre demain soir, venez dîner à la maison. (supposition)

Dans ce qui précède, l'anglais et le français suivent des voies parallèles. Il est à remarquer qu'on n'emploie pas le conditionnel après **si**, pas plus qu'on ne l'emploie normalement après ***if***. Les cas de ***if he would*** et de ***if he should*** relèvent d'une autre syntaxe.[1]

225 Le présent qu'on trouve après **si** peut se rapporter au moment actuel ou à un moment à venir. Il peut donc avoir la valeur d'un futur. Il arrive cependant qu'on veuille marquer plus nettement que la supposition ou la condition est projetée dans l'avenir. On a alors recours à l'auxiliaire **devoir**:

> S'il doit revenir demain, ce n'est pas la peine d'attendre.
> *If he is to come back tomorrow . . .*

On marque une simple éventualité avec **au cas où**, qui est suivi du conditionnel:

> Au cas où il ne serait pas là, glissez la lettre sous la porte.
> *If he should be out, slip the letter under the door.*

226 Il convient de distinguer l'IRRÉEL, c'est-à-dire la supposition contraire à la réalité (***contrary to fact***), du POTENTIEL ou de l'ÉVENTUEL, c'est-à-dire de la supposition qui peut se réaliser.

Comparez:

> S'il l'a su, il n'en a rien laissé voir. (potentiel)
> *If he heard, he never showed that he did.*

> S'il l'apprenait, il serait très contrarié. (éventuel)
> *If he heard, he would be annoyed.*

> S'il le savait, il serait très contrarié. (irréel)
> *If he knew, he would be annoyed.*

[1] L'équivalent français de ***if he would*** dégage l'idée d'acceptation: s'il voulait bien le faire, s'il acceptait de le faire.

S'il avait fini plus tôt, il aurait pu prendre l'avion de deux heures. (irréel)
If he had finished earlier, he could have taken the two o'clock plane.

Si demain il avait fini plus tôt, il pourrait prendre l'avion de deux heures. (éventuel)
If he managed to finish earlier tomorrow, he could take the two o'clock plane.

227 Dans le cas d'une circonstance jugée dramatique, on peut avoir l'imparfait au lieu du conditionnel dans la principale:

S'il avait fait un pas de plus, je tirais.
If he had taken one more step, I would have fired.

L'action de tirer est présentée comme en train d'avoir lieu, alors qu'on sait bien qu'elle ne s'est pas produite.

228 On peut émettre des suppositions autrement qu'avec **si**:

1. Si tu me dis qui tu hantes, je te dirai qui tu es.
   Dis-moi qui tu hantes et je te dirai qui tu es.
2. Si vous lui demandez ce qu'il a vu, il n'en sait rien.
   Demandez-lui ce qu'il a vu, il n'en sait rien.
3. S'il avait dit un mot de plus, l'affaire était ratée.
   Un mot de plus, et l'affaire était ratée.
4. Si quelqu'un était entré à ce moment-là, il aurait cru que tout allait bien.
   Quelqu'un qui serait entré à ce moment-là aurait cru que tout allait bien.
5. Si vous en reparlez, on pensera que vous doutez de vous-même.
   N'en reparlez pas, on penserait que vous doutez de vous-même.

229 Il peut y avoir opposition entre l'hypothèse et le résultat anticipé. Cette opposition peut être exprimée au moyen de divers tours:

Même s'il était prêt à faire des concessions, je maintiendrais mon refus.
Even if he were ready to make concessions, I would still refuse.

Quand (bien) même il serait prêt . . .
(Même sens; mais **quand même** est suivi du conditionnel.)

Serait-ce dix fois plus difficule, j'essaierais.
Even if it were ten times harder, I would try.

Si je devais échouer dans ces conditions, je n'aurais pas de regret.
If I were to fail under those conditions, I would have no regrets.

Dussé-je échouer . . . *Should I fail . . .*
(Même sens; cet emploi de l'imparfait du subjonctif du verbe **devoir** est réservé au style soutenu.)

Et quand j'irais, où serait le mal?
And even if I should go, what of it?
(Ce tour est analogue à **quand bien même** . . . vu plus haut.)

230 L'opposition peut prendre la forme d'une concession faite à un interlocuteur réel ou imaginaire:

S'il écrit vite, il réfléchit longtemps avant d'écrire.
(C'est-à-dire: sans doute il écrit vite, je vous accorde qu'il écrit vite, mais par contre . . .)
Admittedly he writes fast, but he thinks a long time about what he is going to write.

Certaines conjonctions temporelles qui marquent la contemporanéité peuvent aussi marquer le contraste, l'opposition:

> Alors que son frère était toujours à l'heure, lui, il était presque toujours en retard.
> *While his brother was always on time, he was almost always late.*
>
> Il travaille, tandis que vous perdez votre temps à ne rien faire.
> *He works, while you waste your time doing nothing.*

LE REFUS DU CHOIX

231 Il arrive que, placés devant un choix, nous refusions de choisir celui-ci plutôt que celui-là, et inversement, d'exclure celui-là plutôt que celui-ci. En anglais, cette idée de refus du choix, qui est aussi le refus de l'exclusion, se rend par des dérivés de ***any*** (***anywhere***, ***any time***, etc.) et aussi par des mots en ***-ever*** (***whatever***, ***whenever***, etc.). Les ressources du français sur ce point ne forment pas un ensemble aussi régulier.

Il importe d'abord de distinguer les différents domaines où cette idée peut s'exprimer: le lieu, le temps, les personnes, les choses, la manière, etc.

Le lieu: **peu importe le lieu: n'importe où:**
On en trouve n'importe où.
Le moment: **peu importe le moment: n'importe quand:**
On peut y aller n'importe quand.
Les personnes: **peu importe la personne: n'importe qui:**
N'importe qui vous le dira.
Les choses: **peu importe la chose: n'importe quoi:**
Il répond n'importe quoi.
Le moyen: **peu importe le moyen: n'importe comment:**
Il fait les choses n'importe comment.

232 Il existe un autre tour commun à tous ces domaines, à savoir **n'importe quel** suivi d'un nom. Chacune des expressions précédentes a ainsi un équivalent formé d'un nom précédé de **n'importe quel(le)(s)**:

A n'importe quel endroit
A n'importe quel moment
N'importe quelle étudiante
N'importe quelles difficultés
Par n'importe quel moyen
Prenez n'importe lequel des trois.

Les mots qui expriment la totalité peuvent aussi servir à rendre le refus de l'exclusion:

à toute heure du jour ou de la nuit
(c'est-à-dire à n'importe quelle heure . . .)
Il est prêt à tout (c'est-à-dire à n'importe quoi).

233 Parallèlement à ces jeux d'expressions, il y en a un autre qui met au service de la même idée toute une proposition subordonnée:

Où que vous soyez, vous en trouverez.
(Comparez: Vous pouvez être n'importe où, vous en trouverez.)

Quelle que soit la saison, il fait de longues promenades.
Qui que vous soyez, vous devrez vous incliner.
Quoi qu'il fasse, il ne réussira pas complètement.
Quelle que soit la méthode employée, les résultats sont à peu près les mêmes.
Quiconque pense cela se trompe.

Ici encore les mots de totalité peuvent servir à repousser le choix ou l'exclusion:

Partout où vous serez, vous en verrez.
Wherever you go, you'll see some.
Toutes les fois qu'il s'en mêle, cela va mal.
Whenever he interferes, things go badly.

EXERCICES

A. Dites d'une autre façon:

1. Si vous venez, vous pourrez en profiter.
2. Si vous lui posez une question, il répond à côté.
3. Si un étudiant ne savait pas cela, il ne mériterait pas d'être reçu.
4. Si vous ne dites rien, personne ne le saura.

B. Dites d'une façon plus dramatique:

1. S'il avait dit un mot de plus, nous serions sortis.
2. S'il n'avait pas donné un brusque coup de volant, l'auto serait allée dans le fossé.
3. Une minute de plus et toute la maison aurait été embrasée.

C. Traduisez:

1. If you had told me you were coming, I would have been there to receive you.
2. If he were in better health, he could do it.
3. If they hear from him, they'll let us know.
4. Should he be prevented, there is someone to replace him.
5. Should you decide to come earlier, we could still put you up.
6. Even if he should object, we would still do it.
7. While he understands what he hears, he has great difficulty in making himself understood.
8. While he made good progress last year, he now learns more slowly.

D. Remplacez les mots en italique par l'un des tours étudiés ci-dessus:

1. Vous trouverez des gens hospitaliers *dans tous les endroits où vous irez.*
2. *Celui qui* a écrit cela est sûrement un étranger.
3. *Vous pouvez venir le 13, le 15, ou le 22,* vous êtes sûr de me trouver.
4. Malgré son grand âge, il sort *aussi bien quand il pleut que quand il fait beau.*
5. *Vous pouvez choisir telle ou telle profession,* votre succès dépendra en partie de votre façon de parler et d'écrire.

E. Exprimez l'idée de chacune des phrases suivantes en composant une phrase qui utilise l'un des tours étudiés ci-dessus. Il se peut que les phrases ainsi obtenues soient plus simples et plus courtes que celles dont elles dérivent.

1. Le choix de l'université où il ira faire ses études est sans importance.
2. Je n'ai pas de préférence en ce qui concerne l'heure de votre visite.
3. La manière dont on s'y prend ne fait rien à l'affaire.
4. Vous pouvez prendre l'un des trois chemins qui mènent à cet endroit; vous mettrez une heure pour y arriver.
5. Avec cette plume, le genre de surface sur lequel on écrit n'a pas d'importance.
6. Un professeur de latin, même s'il n'est pas un grand érudit, sait lire César dans le texte.

F. Traduisez en français:

1. Whenever he comes, he has an interesting story to tell.
2. Whatever you do, he won't be pleased.
3. Whichever way you go, you will get there about the same time.
4. However references are presented, they must be accurate.
5. No matter how you go about it, it will take time and money.
6. Wherever he goes, people like him.
7. Whoever told you that was no friend of yours.
8. I am ready to answer whatever questions you care to ask.

V

Notions de Sémantique

Bifurcations et déviations

234 Pour nous exprimer, nous devons savoir comment agencer les mots suivant les structures de la langue. Mais il nous faut aussi les choisir. Les mots que nous choisissons le mieux sont ceux que nous savons déjà, donc ceux qui sont (bien entendu) dans notre mémoire. Ils n'y sont pas n'importe comment. Ils y sont associés en groupes, suivant leur forme ou leur sens. Ainsi le mot **instruction** peut faire penser à **construction**, à cause de sa terminaison, ou à **éducation** et à **enseignement**, à cause de son sens.

Tout mot que nous employons dans un énoncé est associé momentanément aux autres mots de cet énoncé. Il est en même temps associé dans notre esprit à d'autres mots qui ne figurent pas dans l'énoncé. Si je dis: « Il joue au golf tous les dimanches », les mots ainsi réunis évoquent d'autres mots qui peuvent s'opposer ou se substituer à eux. On peut jouer à d'autres jeux qu'au golf, on peut jouer en semaine aussi bien que le dimanche, etc.

On peut donc considérer qu'il y a deux sortes d'associations, les associations discursives et les associations mémorielles, c'est-à-dire les associations dans le discours et dans la mémoire. Dans les chapitres précédents, nous avons surtout étudié les associations discursives, c'est-à-dire celles des mots dans le discours, dans les phrases que nous prononçons ou que nous écrivons. Le moment est venu d'examiner les ASSOCIATIONS MÉMORIELLES, en particulier celles qui reposent sur le sens.

235 Les mots se groupent par le sens de plusieurs façons. Ils peuvent avoir des sens semblables (blême, blafard), des sens opposés (noir, blanc). Ce sont là les associations les plus évidentes. Il y en a d'autres, qu'il convient d'analyser. Elles sont utiles à connaître parce qu'elles groupent les mots entre lesquels nous devons choisir. Elles nous amènent à nous rendre compte que les éléments de sens ne sont pas toujours rendus par les mots qui semblent se correspondre d'une langue à l'autre.

Il arrive que le mot anglais ait un sens plus étendu que le mot français qui semble lui correspondre, ou inversement. Par exemple en anglais un homme qui dispose d'un local pour ses activités professionnelles dira *my office* là où son homologue français aura le choix entre « mon bureau », « mon cabinet », « mon étude » suivant qu'il est négociant, avocat ou notaire. Par contre, l'anglais distingue entre ***office*** et ***study*** là où le français peut se contenter du mot **bureau**.

On peut appeler BIFURCATION ce genre d'écart entre les deux vocabulaires. Ce faisant, on pense à une route qui arrive à la frontière, au-delà de laquelle elle fait place à deux ou à plusieurs routes divergentes. De sorte qu'il faut choisir. Par contre, au retour, il n'y a pas de choix, puisques les routes aboutissent à une seule.

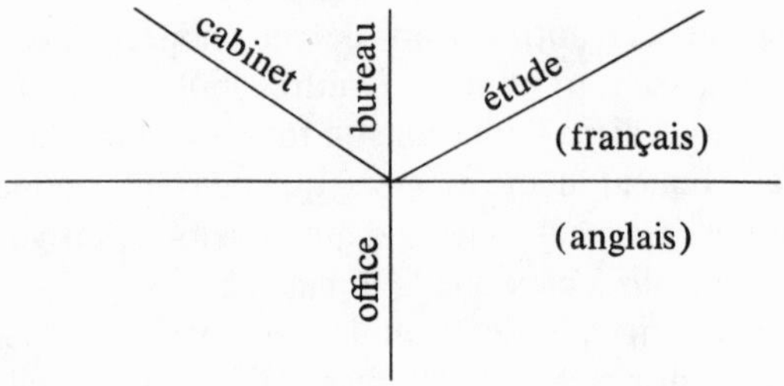

236 Le mot anglais ***pass*** fournit un bon exemple de ce phénomène, parce qu'il s'applique à des mouvements nettement différents:

a. ***To pass somebody*** ne précise pas si l'on va dans le même sens que cette personne, ou en sens contraire. Le français est obligé de marquer cette précision; il dira **dépasser** dans le premier cas et **croiser** dans le second. Un automobiliste peut remplacer **dépasser** par **doubler.**

b. L'action qu'exprime le verbe ***to pass*** peut également être considérée par rapport à un point fixe, par exemple une maison. Dans ce cas, on dit en français: **passer devant**, **passer près de**:

I pass his house on the way to the office.
Je passe devant chez lui en allant au bureau.

Autres exemples de bifurcation vers le français:

teacher { **instituteur** (enseignement primaire)
professeur (enseignement secondaire)

student { **étudiant** (à l'université)
élève (école primaire, école secondaire, grande école)

line { **ligne** (en prose)
vers (en poésie)

tile { **tuile** (du toit)
carreau (d'un mur ou d'un plancher carrelé)

237 Certains mots anglais ont deux sens suivant qu'ils sont des mots simples, ou des mots composés privés d'un de leurs éléments. Ils sont ainsi ambigus, mais leur sens est déterminé par le contexte. Ils ne peuvent être traduits en français qu'en choisissant entre deux mots distincts.

coat { **pardessus** (*overcoat*)
veston (*jacket*)

storm { **tempête** (par exemple, *rainstorm* ou *snowstorm*)
orage (*thunderstorm*)

candle { **chandelle** (*tallow candle*)
bougie (*wax candle*)

238 Les bifurcations se présentent également lorsqu'un mot générique n'a pas d'homologue dans l'autre langue. Il est à remarquer, en effet, que les choses et les idées ne sont pas classées de la même façon dans deux langues données. Parfois une catégorie n'existe pas, ou du moins n'a pas de mot pour la désigner. Nous rangeons sans peine **chaise**, **table**, **lit** dans la catégorie **meubles**, et ***chair***, ***table***, ***bed*** font partie de ce qu'on appelle ***furniture***. Mais il n'y a pas de mot en anglais qui serve de terme générique à ***bacon***, ***ham***, ***sausage***, etc., et qui soit vraiment l'équivalent de **charcuterie**. Inversement, le français ne peut pas traduire ***nuts*** lorsque ce mot englobe les noix, les noisettes, les cacahouètes, etc.

Quand le générique n'existe pas, il faut traduire chaque fois par un terme particulier. Ainsi le français ne possède pas, dans son vocabulaire usuel, de terme aussi général que ***scale*** pour désigner les appareils de pesée. Suivant le contexte, on choisit l'un des équivalents suivants: **balance** (de l'épicier), **pèse-lettres**, **pèse-bébé**, **bascule** (qui pèse les personnes, les bagages et les voitures).

Autres exemples:

size
- **dimensions** (d'une pièce)
- **taille** (d'un vêtement)
- **pointure** (d'un col, d'un chapeau, d'une paire de chaussures ou de gants)
- **format** (d'un livre)
- **module** (d'une pièce de monnaie)

bell
- **cloche** (d'église)
- **clochette** (de vache)
- **sonnette** (de porte)
- **grelot** (de traîneau)
- **timbre** (sur un bureau)
- **glas** (pour annoncer la mort de quelqu'un)

239 Quand un mot peut s'employer au sens propre et au sens figuré, il arrive que ces deux sens ne sont pas rendus par le même mot dans l'autre langue. Il en résulte une bifurcation.

inclination	sens propre: **inclinaison** sens figuré: **inclination**
gulf	sens propre: **golfe** sens figuré: **abîme**
province	sens propre: **province** sens figuré: **domaine**
angular	sens propre: **angulaire** sens figuré: **anguleux**
volatile	sens propre: **volatil** sens figuré: **inconstant**

240 Il y a également bifurcation quand l'autre langue n'emploie pas le même mot aux différents niveaux de langue, c'est-à-dire dans l'usage courant, dans la langue littéraire, dans la langue administrative ou technique.

(*a*) *bad* (*tooth*)	usage courant: **(dent) gâtée** langue technique: **(dent) cariée**
brush	usage courant: **pinceau** langue technique: **brosse**
tank	usage courant: **tank** langue technique: **char (d'assaut)**
funeral	usage courant: **enterrement** langue écrite sur les faire-part: **obsèques**
this report	langue usuelle: **ce rapport** langue administrative: **le présent rapport**
death	langue usuelle: **la mort** langue administrative: **le décès**

LES FAUX AMIS

241 Par FAUX AMIS il faut entendre ces mots anglais et français qui sont de même origine et dont on pourrait penser qu'ils veulent dire la même chose, alors qu'en fait leurs significations ne coïncident qu'en partie ou pas du tout. Ainsi **trivial** signifie vulgaire en français et insignifiant en anglais. ***Granary*** a bien l'un des sens de **grenier**, mais ce dernier mot correspond aussi à ***attic***.

242 Parfois le mot français a une moindre extension de sens que le mot anglais de même origine. On a alors une bifurcation comme précédemment.

mechanical	**mécanique** (sens propre) **machinal** (sens figuré)
procession	**cortège, défilé** (sens général) **procession** (sens religieux)
to complete	**compléter** (une phrase) **remplir** (une formule) **achever, finir** (une tâche)
education	**éducation** Ex.: Elle se consacre à l'éducation de ses enfants. **instruction** Ex.: Il a reçu une solide instruction. **enseignement** Ex.: En France l'enseignement est centralisé. **pédagogie** Ex.: Il s'est spécialisé en pédagogie. **études** Ex.: Il a fait de bonnes études.
dinner	**dîner**, mais seulement au sens de repas du soir. ***Sunday dinner*** est plus souvent un déjeuner qu'un dîner.

243 L'inverse existe également. Le mot français a alors plus d'extension que le mot anglais de même famille. Ainsi, **profession** est plus général en français qu'en anglais. Il correspond à ***occupation*** et à ***profession***. Ce dernier terme traduit **profession libérale**.

> Quelle est sa profession?
> *What is his occupation?*
>
> Les professions libérales
> *The professions*

Archives recouvre à la fois ce qui s'appelle en anglais ***archives*** et ***records***. Un historien consulte les **archives** (***archives***). Une maison de commerce a ses **archives** (***records***).

244 Mais il y a plus souvent DÉVIATION que BIFURCATION. Le mot anglais et le mot français sont sur des plans différents.

intangible en anglais, veut dire qu'on n'arrive pas à saisir, imperceptible; le mot français s'applique aux choses qu'il faut respecter, auxquels il ne faut pas toucher, qui sont taboues.

diet se rend en français par **régime alimentaire**, plutôt que par **diète**, celui qui est à la diète s'abstenant de manger sur l'ordre de son médecin.

farmer doit se traduire par **cultivateur** ou **agriculteur**, et non par **fermier**, qui correspond à ***tenant farmer***.

punctual met l'accent sur l'exactitude, **ponctuel** sur l'assiduité, ce qui n'est pas tout à fait la même chose.

diligent en anglais, se rapporte à l'activité plutôt qu'à la rapidité comme en français. Autrefois les voitures rapides s'appelaient diligences.

Parfois seul le contexte permet de dégager la différence de sens entre deux faux amis. On peut parler de *the characters of the romantic drama* et des « caractères du drame romantique. » Mais dans le premier cas il s'agit des personnages du genre et, dans le deuxième cas, de ses caractéristiques.

De la même façon, **tirage** traduit le mot anglais ***circulation*** quand il s'agit d'un journal, alors que c'est ***traffic*** qui rend le mot français **circulation** pour désigner le passage des voitures dans les rues. **Circulation** s'applique au sang dans les deux langues:

Harvey découvrit la circulation du sang.

EXERCICES

A. Traduisez les phrases suivantes, qui illustrent deux sens différents des huit mots anglais autour desquelles elles sont construites. En français les deux sens de chacun de ces mots sont rendus par des mots différents.

1. *a.* The carpenter builds the walls and the roof of the house.
   b. The carpenter fits in the doors and the windows.
2. *a.* The city hall clock can be seen from our classroom.
   b. Our classroom clock has stopped.
3. *a.* We wait on the platform for the train.
   b. The speaker got on the platform to give his talk.
4. *a.* We went to Chartres by bus.
   b. You can either take the bus or go by subway.
5. *a.* Do not take too much cash with you.
   b. He always pays cash.
6. *a.* Charcoal is used to broil steaks.
   b. He made a charcoal drawing.
7. *a.* In this part of France houses are roofed with tile.
   b. The walls of the bathroom are tiled.
8. *a.* He sat on a chair in the hall.
   b. He likes to read sitting in a chair near the fire.

B. Complétez les phrases suivantes:

1. On pèse un camion sur . . .
2. On vérifie le poids d'une lettre avec . . .
3. J'entends . . . de la porte d'entrée.
4. Le directeur appuie sur . . . pour appeler sa secrétaire.
5. Les passagers commencent à . . . dès que le navire est à quai.
6. Un avion . . . quand il se pose sur le sol.
7. Il a . . . deux valises avec ses affaires.
8. Le fumeur . . . sa pipe avec du tabac.
9. Au théâtre, on laisse ses affaires . . .
10. A la gare, on laisse ses bagages . . .

C. Traduisez, en anglais ou en français, suivant le cas, les phrases et les expressions suivantes. Votre traduction devra éclairer des différences de sens ou d'emploi entre les faux amis.

Exemple:	a mechanical gesture	un geste machinal
	un procédé mécanique	a mechanical process

1.	*a.* to review for an exam	*b.* revoir un texte avant de le publier.
2.	*a.* a pile of sand	*b.* une pile de livres
3.	*a.* a legal expert	*b.* une fête légale
4.	*a.* a lunatic asylum	*b.* Il est très lunatique.
5.	*a.* He became the arbiter.	*b.* L'arbitre a pénalisé notre équipe.
6.	*a.* He became a partner in the firm.	*b.* Mon partenaire m'a fait perdre la partie.
7.	*a.* He visited a friend.	*b.* Il aime visiter les musées.
8.	*a.* He complained of the delay.	*b.* Quels sont les délais de livraison?
9.	*a.* He is an instructor at Harvard.	*b.* L'instructeur apprend aux recrues à faire l'exercice.
10.	*a.* I bought it from a street vendor.	*b.* Il est vendeur dans ce magasin.

D. Les vingts expressions suivantes groupent, deux à deux, un même mot avec un sens propre et un sens figuré. Traduisez ces expressions en prenant garde que dans l'autre langue ce n'est pas forcément le même mot qui rend compte de ces deux sens.

1. *a.* an electrifying speech
   b. to electrify a railroad.
2. *a.* to span a valley
   b. to span an era
3. *a.* to digest food
   b. to digest the content of an article
4. *a.* to convey people
   b. to convey a feeling
5. *a.* to shelve books
   b. to shelve a proposal
6. *a.* a plateau in the mountains
   b. a plateau in a graph
7. *a.* l'échelle contre le mur
   b. l'échelle des traitements
8. *a.* épouser quelqu'un
   b. épouser une querelle
9. *a.* une flamme vacillante
   b. une politique vacillante
10. *a.* le palier du 2e étage
    b. le palier d'une progression

L'aspect

245 Dans les langues slaves, la forme du verbe marque l'aspect aussi bien que le temps de l'action. Il est ainsi possible d'indiquer si l'action envisagée est à son commencement ou à sa fin, si elle dure ou n'occupe qu'un instant.

En français et en anglais, l'aspect n'est pas une catégorie grammaticale reconnue. On peut cependant en trouver des exemples et on peut même étendre cette notion à d'autres parties du discours que le verbe.

Ainsi **soir** et **soirée**, **matin** et **matinée** et, dans une certaine mesure, **jour** et **journée**, **an** et **année**, présentent la même différence que celle qui existe entre une date et une durée. C'est ce qui explique qu'on emploie **soirée**, **matinée**, et **journée** avec le verbe **passer**:

Il passe la matinée et la soirée à lire.
Il a passé la journée au bord du lac.

On peut dire « passer deux ans » aussi bien que « passer deux années », la seule différence étant qu'on insiste davantage sur la durée si on emploie **année**.

246 Avec certains verbes, les deux langues opposent l'aspect duratif à l'aspect inchoatif, c'est-à-dire l'action qui dure à celle qui commence.

To fly se rend par **voler**, et le vol dure. Pour marquer le début du vol, c'est-à-dire l'envol, le français dispose du verbe **s'envoler**: ***to fly off, to fly away, to take off.***

De la même façon on distingue entre:

dormir	*to sleep*	s'endormir	*to go to sleep*
somnoler	*to doze*	s'assoupir	*to doze off*

L'alternance entre l'imparfait et le passé composé ou le passé simple (voir 135) permet parfois d'exprimer l'aspect.

duratif: Il le **savait**.
He knew it. He was aware of it.
inchoatif: Il le **sut** et cela influa sur sa décision.
He found out and this influenced his decision.

To know peut aussi avoir les deux aspects:

duratif: *We knew he was coming.*
Nous **savions** qu'il venait.

inchoatif: *Then he knew that he had made a mistake.*
Alors il **comprit** qu'il avait commis une erreur.

247 L'aspect terminatif est le plus souvent implicite en français, alors qu'en anglais il est fréquemment explicité au moyen d'un adverbe ou d'un adjectif:

étendre le linge	*to hang out the clothes*
accrocher son manteau	*to hang up one's coat*
barrer un mot	*to cross out a word*
pousser la porte	*to push the door open*
mettre son chapeau	*to put on one's hat*
couper un arbre	*to cut down a tree*
coudre un bouton	*to sew on a button*

EXERCICES

Traduisez:

1. In the morning he answers his mail.
2. During the morning he received several phone calls.
3. In the evening he often plays bridge.
4. The evenings seemed long.
5. He spent a year in Paris.
6. During the year he spent in France he took trips to other countries.
7. It rained all day.
8. He could not get back to sleep. Toward morning he dozed off.
9. The bird flew off as he came near.
10. In the thirties planes began to fly at night.
11. He picked up his gloves and slipped them on.
12. I knew it.
13. How did he get to know?
14. I knew it the minute I saw him.
15. And then he knew that he had been betrayed.

Affinité des mots entre eux

LES MOTS ET LA PENSÉE

248 Pour bien parler ou écrire une langue, il ne suffit pas de savoir des mots, il faut aussi être en mesure de les combiner. L'agencement des mots dans une phrase relève de la grammaire. Mais il y a en outre des combinaisons qui constituent des éléments du vocabulaire. Pour exprimer notre pensée nous faisons appel à des mots isolés et aussi à des groupes ou combinaisons de mots qui sont des ASSOCIATIONS DISCURSIVES (voir 234).

249 Par exemple, un nom pour prendre place dans un énoncé fait appel à tel ou tel verbe et la combinaison ainsi constituée peut fort bien ne pas passer littéralement d'une langue dans une autre. Une erreur courante consiste à traduire séparément les deux mots combinés.

Exemples:

cours: suivre un cours — *to take a course*
examen: subir un examen — *to take an exam*
conférence: faire une conférence — *to give a lecture*
communication: faire une communication — *to read a paper*
dissertation: faire une dissertation — *to write a paper*

commande: passer une commande — *to place an order*
fonds: réunir des fonds — *to raise funds*
problème: poser un problème — *to state a problem*
question: poser une question — *to ask a question*
ressemblance: présenter une ressemblance avec — *to bear a resemblance to*

250 De la même façon un nom se combine avec certains adjectifs de préférence à d'autres.

un profond silence	*complete silence*
une résistance acharnée	*stubborn resistance*
un travail acharné	*unremitting labor*
une fidélité à toute épreuve	*unswerving loyalty*
des progès sensibles	*good progress*
une répugnance invincible	*an insuperable aversion*
un ami intime	*a close friend*
une erreur grossière	*a glaring error*
un démenti catégorique	*a flat denial*

251 Entre les verbes, les participes passés et les adjectifs d'une part, et les adverbes d'autre part, il existe aussi une certaine affinité.

formellement interdit	*strictly prohibited*
refuser catégoriquement	*to refuse flatly*
réfléchir mûrement	*to consider carefully*, *to weigh the pros and cons*
savoir pertinemment	*to know for a fact*
grièvement blessé	*seriously injured*
gravement malade	*seriously ill*

252 Dans les exemples qui précèdent, une locution française correspond à une locution anglaise. Il arrive aussi qu'un mot d'une langue se rende par une combinaison dans l'autre langue. Beaucoup

mots anglais ne peuvent être traduits en français que par une locution. Ces mots peuvent être des verbes, des adjectifs et des adverbes.

a. verbes:

s'offrir comme volontaire	*to volunteer*
donner un pourboire	*to tip*
punir d'une amende	*to fine*
mettre en gage	*to pawn*
donner lecture de	*to read out*
faire la lecture à	*to read to*
apprendre par cœur	*to memorize*
fixer son attention	*to concentrate*
donner de la bande	*to list* (*of a ship*)

b. adjectifs ou participes passés:

à bâtons rompus	*desultory*
sans restrictions, à outrance	*unrestricted*
en bon ordre	*orderly*
sans imagination	*unimaginative*
peu commun	*unusual*
peu profond	*shallow*

c. adverbes:

de préférence	*preferably*
en fin de compte	*ultimately*
de toute urgence	*urgently*
d'un ton suppliant	*pleadingly*
avec volubilité	*volubly*

Il arrive beaucoup plus rarement que ce soit l'anglais et non le français qui est obligé de remplacer un mot simple par une locution:

impunément, avec impunité	*with impunity*
difficilement	*with difficulty*

253 En considérant l'affinité des mots entre eux et les combinaisons qui en résultent, on est ramené à la question qui a été abordée dans l'Introduction, à savoir que le mot n'est pas la seule division d'un énoncé. En effet le sens global de l'énoncé se divise en éléments de sens. Il importe donc d'examiner comment les mots se répartissent entre les éléments de sens, qu'on peut aussi appeler unités de pensée.

Les rapports entre les mots et les unités de pensée s'établissent de trois façons:

a. le mot est, à lui tout seul, une unité de pensée. Si je dis: « Sa voiture est presque neuve », chacun des mots de cette phrase représente une idée distincte. Ce cas est fréquent; le danger est de croire qu'il en est toujours ainsi.

b. un mot peut comprendre deux unités, par exemple, quand un préfixe ou un suffixe est senti comme ayant un sens distinct de celui du radical:

reprendre: un mot et deux unités (idée de prendre et idée de répétition)

rapetisser: un mot et une seule unité, le préfixe n'ayant pas de sens par lui-même.

planchette: un mot et deux unités (idée de planche et idée de petitesse)

casquette: un mot et une seule unité (une casquette n'est pas un petit casque)

c. plusieurs mots forment un tout du point de vue de la pensée:
Il mettait la dernière main à son livre. Nous ne sommes pas en mesure d'exécuter cette commande.

Mettre la dernière main à, **être en mesure de** sont des unités que l'on peut ramener à achever et à pouvoir, compte tenu de certaines nuances.

Les combinaisons de mots étudiées plus haut, telles que **poser sa candidature à**, **d'un ton suppliant**, **donner lecture de** sont des unités de pensée.

Il arrive que dans certaines de ces combinaisons les éléments gardent chacun leur sens. C'est le cas de **grièvement blessé**. Néanmoins il y a lieu de considérer que ces deux éléments constituent une unité de pensée, du fait de l'étroite affinité qui unit **grièvement** à **blessé**. **Grièvement blessé** est en quelque sorte un superlatif de **blessé**.

EXERCICES

A. Examinez les phrases suivantes pour en extraire les mots qui ont de l'affinité l'un pour l'autre et qui forment un groupe.

Exemple: Il ne m'a posé aucune question
groupe: poser une question

1. Leurs points du vue sont diamétralement opposés.
2. Il ne veut pas que tu y ailles. En fait il te l'interdit formellement.
3. J'ai essayé de le faire revenir sur sa décision. Il m'a opposé un refus catégorique.
4. Nous l'avons écouté avec une émotion indicible.
5. L'examen qu'on m'a fait subir m'a paru très difficile.
6. Envoyez-moi un mot dès que vous le saurez.
7. Dans cet examen on vous demande de traiter deux questions au choix.
8. Je trouve que ces deux portraits présentent une ressemblance frappante.
9. Pour faire votre demande il faut que vous remplissiez un formulaire en triple exemplaire.
10. La marchandise n'est pas toujours livrée dans les délais les plus rapides.

B. Combinez, d'après leur affinité, les mots de la liste *a* avec ceux de la liste *b* pour en faire des groupes. Ajoutez les articles et prépositions nécessaires. L'usage d'un dictionnaire comme le *Petit Larousse* peut être d'un grand secours pour faire ce genre d'exercice.

a. agence, cabinet, centre, denrée, exercer, femme, petit, poignée, rebrousser, terrasse, teinture.
b. alimentaire, annonce, café, chemin, iode, main, ménage, métier, presse, travail, villégiature.
Exemple: poignée + main: une poignée de main

C. Examinez les mots suivants pour voir s'ils contiennent une ou deux unités de pensée, c'est-à-dire si le sens du préfixe ou du suffixe est encore distinct. Il sera sans doute indispensable de vérifier dans le dictionnaire la définition de certains de ces mots, de comparer, par exemple, **livret** et **livre**.
fourchette, noisette, livret, cuvette, se résigner, reposer, remplir, rapprendre, répandre, rétrécir, revoir, rassurer.

La transposition

254 Quand on passe d'une langue à une autre, il convient, comme on l'a vu, de ne pas faire de simples substitutions de mots, de laisser chaque idée trouver le mot ou le groupe de mots qui l'exprime.

De la même façon, il ne faut pas être l'esclave des parties du discours. L'idée qui est rendue par un verbe dans une langue peut apparaître, dans l'autre langue, sous la forme d'un nom ou d'un adverbe. On appelle TRANSPOSITION l'échange des parties du discours qui sont au service d'une même idée.

255 La transposition existe à l'intérieur d'une même langue. On a le choix, par exemple, entre

Dès **qu'il se réveille**, il prend une tasse de café.

et

Dès **son réveil** il prend une tasse de café.

Dans cette phrase la transposition est triple:

la conjonction **dès que** devient la préposition **dès**;
le pronom personnel **il** devient l'adjectif possessif **son**;
le verbe **se réveiller** devient le nom **réveil**.

Il est à noter que le passage du verbe au nom entraîne inévitablement ceux de la conjonction à la préposition et du pronom personnel au possessif.

Si maintenant nous comparons l'anglais et le français à propos de ce dernier exemple, nous voyons que l'anglais n'a pas le choix qui s'offre au français. *As soon as he wakes up* peut se traduire par « dès qu'il se réveille » ou « dès son réveil ». Il en résulte que « dès son réveil » ne peut être rendu en anglais que par une transposition.

256 Il est difficile de savoir d'avance quand on devra recourir à une transposition, mais une fois qu'on en a compris le mécanisme, on sera amené à l'employer facilement soit par nécessité, soit comme variante stylistique. Pour démontrer ce mécanisme, prenons la phrase *He was greeted with thundering applause*. Le verbe **tonner**, qui correspond à ***to thunder*** ne s'emploie guère au sens propre et n'a pas de sens figuré. Par contre **tonnerre** peut prendre le sens figuré. On peut donc s'en servir. On aura alors transposé le participe ***thundering*** en un substantif:

Il fut accueilli par un tonnerre d'applaudissements.

Un autre exemple nous est fourni par l'expression ***to be knee-deep in mud***. La structure du français ne permet pas de faire de **profond** un adjectif composé sur le modèle de ***knee-deep***. On est ainsi amené à changer de structure, donc à transposer. C'est la préposition **jusqu'à** qui va rendre l'idée de profondeur, d'enfoncement: « avoir de la boue jusqu'aux genoux, enfoncer dans la boue jusqu'aux genoux ».

Autres exemples:

I saw him the day he came back.
Je l'ai vu le jour de son retour.

I expect you know a good architect.
Vous connaissez sans doute un bon architecte.

It seems that some time ago he inherited some money.
Il aurait fait un héritage il y a quelque temps.

Dans ces trois phrases la transposition fournit simplement une variante stylistique. On aurait pu dire, en effet: « le jour où il est revenu », « je suppose que », « il semble que ».

Mais il arrive que la transposition soit nécessaire pour des raisons de structure:

Help him ***across*** *the street.*
Aidez-le **à traverser** la rue.
(La préposition française ne marque pas le déplacement [voir 107].)

He is disarmingly frank.
Il est d'une franchise désarmante.
(En français on ne peut pas former d'adverbes à partir de participes présents ou passés.)

257 En allant de l'anglais au français la transposition sert parfois à expliciter le sens d'un mot conformément à une exigence du français.

He waved his arm ***for*** *a porter.*
Il agita le bras **pour appeler** un porteur.

Le mot **pour** n'étant pas suffisamment clair, on lui adjoint un verbe tel que **faire venir, appeler**.

Ou encore on précise la chose à laquelle renvoie un démonstratif:

It was necessary to correct ***this*** *immediately.*
(this — the sinking of a pier of a bridge)
Il était nécessaire de remédier immédiatement à **cette situation**.

Dans le même ordre d'idées on constate que le français préfère une relative là où l'anglais se contente d'une préposition.

The books ***on*** *our shelves . . .*
Les livres **qui sont sur** nos rayons . . .

258 Dans certains cas les conjonctions correspondant à **when, where, whether** ont besoin d'être renforcées (voir 173):

He can remember when a box of matches was a luxury.
Il peut se rappeler **l'époque où** une boîte d'allumettes était un object de luxe.

A relative clause is used in French ***where*** *a preposition is enough in English.*
Une relative est employée en français **là où** une préposition suffit en anglais.

The question ***whether*** *we should . . .*
La question **de savoir si** nous devrions . . .

259 A ces exemples on peut joindre les locutions prépositives qui sont plus fréquentes en français qu'en anglais:

I got it ***through*** *my uncle.*
Je l'ai eu **par l'intermédiaire de** mon oncle.

The night express ***for*** *Germany . . .*
Le rapide de nuit **à destination de** l'Allemagne . . .

Under *this agreement . . .*
Aux termes de cet accord . . .

He was ***under*** *General Smith.*
Il était **sous les ordres du** général Smith.

EXERCICES

A. Dans les phrases suivantes et leurs traductions, soulignez les mots qui donnent lieu à des transpositions:

1. easy payments	facilités de paiement
2. to concede defeat	s'avouer vaincu
3. the day after he left	le lendemain de son départ
4. I expect he will come	Il viendra sans doute.
5. It seems he was approached.	Il aurait été pressenti.

B. Traduisez en transposant les mots en italique conformément aux indications données entre parenthèses:

1. *Late* in the afternoon . . . (nom)
2. He *merely* nodded. (verbe)
3. Lille is in *northern* France. (nom)
4. They beat a *hasty* retreat. (adverbe)
5. He brought the *wrong* book. (verbe)

C. Traduisez en faisant au moins une transposition par phrase. Soulignez dans votre traduction les mots qui sont l'aboutissement d'une transposition.

1. We helped the old man across the street.
2. He almost fell.
3. In the early nineteenth century . . .
4. We discussed it over a cup of coffee.
5. They soon realized they had made a mistake.
6. We finished the work before he arrived.
7. He plays a good game of tennis.
8. We still write to each other.
9. The day was oppressively hot.
10. It is easily removed.

INDEX DES MOTS GRAMMATICAUX

Les chiffres renvoient aux paragraphes.

INDEX DES NOTIONS

Les chiffres renvoient aux paragraphes.

23
.6

137-4380

474-166

10-12:30